不监督不发火，
让孩子主动学习

[日] 筱原菊纪 著

彭佳 译

浙江人民出版社

图书在版编目（CIP）数据

不监督不发火，让孩子主动学习 / (日) 筱原菊纪著；
彭佳译. — 杭州：浙江人民出版社，2022.8
ISBN 978-7-213-10636-1

Ⅰ.①不… Ⅱ.①筱… ②彭… Ⅲ.①学习方法—家
庭教育 Ⅳ.①G791②G78

中国版本图书馆CIP数据核字（2022）第094817号

浙江省版权局
著作权合同登记章
图字：11-2021-054 号

不监督不发火，让孩子主动学习
BUJIANDU BUFAHUO RANGHAIZI ZHUDONG XUEXI

[日] 筱原菊纪 著 彭佳 译

出版发行：浙江人民出版社（杭州市体育场路 347 号 邮编：310006）
市场部电话：(0571) 85061682 85176516
责任编辑：潘海林
特约编辑：涂继文
营销编辑：陈雯怡 赵 娜 陈芊如
责任校对：陈 春
责任印务：刘彭年
封面设计：北极光工作室
电脑制版：北京之江文化传媒有限公司
印 刷：浙江海虹彩色印务有限公司
开 本：650毫米×960毫米 1/16 印 张：12
字 数：130千字 插 页：1
版 次：2022年8月第1版 印 次：2022年8月第1次印刷
书 号：ISBN 978-7-213-10636-1
定 价：58.00元

如发现印装质量问题，影响阅读，请与市场部联系调换。

你怎样才肯学习呀？

学习，很开心吧

前　言

"孩子怎样才肯学习呢？"

感谢您翻阅此书。

您的孩子多大了？

0岁？幼儿？

小学生？中学生？还是高中生？

本书主要针对家有0—18岁孩子的父母。

当然，本书对在孩子的教育方面有烦恼、有思虑的家长，也有一定参考价值的。

我之前出版过一本名为《大脑训练法：爱上学习》的图书，承蒙大家喜爱，一时成为畅销品。

也许正是因为此，每次我演讲的时候，都会有不少家长来向我咨询。

"我家孩子完全不想学习呀……"

"我家孩子怎样才肯学习呢？"

"怎样才能让孩子集中注意力呢？"

"有增强记忆的方法吗？"

"好想让他考上理想的学校啊……有什么好法子吗？"

"我家孩子不如别家孩子学得好……"

孩子们也有他们的烦恼：

"怎样才能学得好呀？"

"我想变得更聪明些！"

"我很努力地学了，可是成绩还是上不去……"

父母和孩子其实都知道学习的重要性，也都想"学好"，都想"让学习成为习惯"。

像爱玩游戏一样爱上学习！

既然都这么想，那为什么孩子就是不肯学习呢？

答案很简单，但说起来其实非常遗憾，因为人的大脑做不到"无意识"地学习，不可能"自然而然"地去学习。

它不像呼吸、饮水、进食那样能自发而自觉地进行。

对于人的大脑来说，学习，是极不自然的行为之一。

我这么说，您是不是很失望？

且慢，请继续听我说下去。

即便如此，我们仍然可以引导孩子的大脑朝着"自然学习"的方向发展。

就像喜欢玩游戏的孩子，下意识地会去玩游戏；

喜欢看电视的孩子，动不动就拿起遥控器打开电视；

喜欢玩手机的孩子，手机随时拿在手里，一刻也放不下。

打游戏、看电视、玩手机并不是人类进化的必然，这些行为会让大脑产生欲望，从某种意义上来说，是大脑促使这些行为上瘾。

同样，让孩子自觉地去学习也是有可能实现的。

父母妨碍了学习！

我全年都在利用近红外光谱仪（NIRS）对人类大脑活动进行观察，分析人在进行扒金库[1]、游戏、MIXI[2]、推特等所谓容易导致他们沉迷其中的行为时的大脑的活动状态，得出了大脑的"沉迷机制"。也就是说，如果能利用"沉迷机制"，就可以像沉迷于游戏、玩乐和SNS一样，孩子大概率上会喜欢上学习，能自主地坐到书桌前捧起课本。

---

1 日本一种弹珠游戏。——译者注
2 日本最大的 SNS。——译者注

如果"孩子能全神贯注于学习"，自然就会掌握

强大的"注意力"。

强大的"记忆力"。

强大的"持久力"。

强大的"得分力"。

让"孩子变得爱学习"这件事，并不是孩子的大脑自己会做的事，而是介于孩子的大脑和父母的大脑之间的事。

遗憾的是，父母有时也在无形中妨碍着孩子的大脑热衷于学习。

有时父母心里想着要让孩子爱上学习，反而让孩子更加远离学习，不知不觉中起了好心办坏事的反作用。

本书可作为课题型学习书！

本书旨在运用脑科学理论和临床心理学的知识，避免来自父母的干扰，协调亲子关系，帮助孩子将注意力完全集中于学习。

本书由以下内容构成。

序言"孩子怎样才肯学习呢？"，解答家长和孩子的烦恼，介绍让孩子愿意学习的方法。

第1章"像迷上游戏一样乐于学习！"，介绍让孩子热衷于学习的大脑机制和训练方法。

第2章"孩子疯狂爱上学习！"，通过了解孩子的大脑习性，父母将学会适合自己孩子的最佳学习方法，并将获得提高孩子学习热情的诀窍。

第3章"提高孩子的'注意力'和'干劲'！"，帮助父母了解基于脑科学和临床心理学培养孩子强大的"注意力"和"干劲"的方法。

第4章"增强孩子的记忆力！"，介绍大脑的有效记忆法。

第5章"孩子开始'达成目标'！"，介绍有助于达成的目标的设定法，以及在关键时刻超常发挥胜负力的训练法。

另外，各章节中均设置几道课题，增强了本书的实用性。

因此，对有以下期待的父母，本书定能助您一臂之力。

"希望孩子好好学习！"

"不想看到自己的孩子比别的孩子差！"

"希望孩子有超强的注意力！"

"希望孩子有超强的记忆力！"

"想提高考试成绩！"

"希望孩子考上理想的学校！"

现在，我们社会的少子化、老龄化现象日趋严重。

要让逐年减少的孩子支撑起这个社会，我们就必须尽可能发挥每个孩子的能力。否则，我们社会的发展将面临危机。

不仅是您的孩子，所有孩子的成长都是为了他们有一个灿烂的未来。所以，拜托您将本书中介绍的方法传授给您的孩子，然后再传给周围更多的孩子。

接下来，请放松身心，从序言开始慢慢阅读吧。

诹访东京理科大学教授　篠原菊纪

序 言

孩子怎样才肯学习呢？

第1章
像迷上游戏一样乐于学习！
——热衷学习的大脑机制

第2章

孩子疯狂爱上学习！
——了解孩子的大脑习性

第3章

提高孩子的"注意力"和"干劲"！
——热衷学习的大脑机制

第4章

提高孩子的"记忆力"！
——基于脑科学的超强"记忆"训练法

第5章
孩子开始"达成目标"!
——基于脑科学的成功的"未来记忆"创造法
&"胜负力"锻炼法

孩子怎样才肯学习呢?

作业做好了吗?

怎样才能增强记忆呢？

我全年都在做大脑活动的观察和分析。

利用近红外光谱仪（NIRS）监控人在玩耍、学习、运动、打游戏、扒金库时、聚精会神时、浮想联翩时等各种场景下的大脑活动情况。

研究对象从幼儿到成年人，也包括亲子学习、运动游戏时的父母和孩子双方的大脑活动状态。

于是，电视台等机构经常会让我提供些"当……的时候，大脑的图像和分析"资料。

我欣然应允，因为大家都知道我在做大脑活动方面的研究，所以，经常有人问我：

"怎样才能提高注意力？"

"有没有高效的记忆法？"

等等。

就在前几天，在某高中的演讲结束之后的校长室，就有学生问我："怎样才能记得更好？"

"睡眠时间有讲究吗？"

增强记忆的三种方法

先来回答高中生同学的问题吧。大脑的海马区与人类的记忆有着很密切的关系。海马区位于大脑深处，靠近人的耳朵，左右各一个，小拇指大小，形似海洋里的海马，因此而得名。

脑科学界流行一个非常有名的案例：由于疾病原因，HM先生大脑的海马区必须要手术切除掉，自此以后该先生失去了形成新的长期记忆的能力。而后的多项病例的累积才让人们意识到"大脑的海马是形成新的记忆的器官！"

海马区中经常能观察到长时程增强现象。

海马区的神经元（脑细胞）整齐地形成环状，上面伸展着很多细而长的纤维。

刺激其中一个神经元，其他相连的神经元也会活动。

如果给予神经元反复的刺激或强烈刺激，又或者同时多处刺激，之后哪怕是轻微的刺激，神经元也会进行强烈并持久地活动。

这种神经元信号传输中的持久的增强就是长时程增强现象，被认为是记忆的主要来源。

所以，反复记忆，就会形成长期记忆。

所以，加深印象，就不容易忘记。

所以，关联记忆，就不容易忘记。

记忆"长期化"的关键在学习后的12小时？

据说，有个关于老鼠的非常有趣的实验证明了海马区长时程增强的关键在学习后的12小时。

12小时后，一旦有滋养脑细胞的BDNF（脑源性神经营养因子）和多巴胺共同起作用，短期记忆就会转为长期记忆。

而多巴胺神经元在感到兴奋和获得快感、成就感时，哪怕只是受到表扬，都会活跃起来。

因此，我们如果在学习后12小时左右能愉快地展开复习，感受学习的乐趣，就能刺激多巴胺分泌，非常有助于我们形成长期记忆。

说到12小时，大概就是"在家预习后去学校上课"或者"学校放学后回家复习"的时间周期。

常言道，预习、复习很重要。

但"关键"还是在学校的学习。

抛开学校的学习，自然无法形成这个12小时循环。

重视学校的课程，兴趣盎然地充分掌握教学知识点。也就是说，活跃的学习能刺激神经元多巴胺，有助于长期记忆的形成。

如果忽略了学校的学习，一味想通过补习班和居家学习来提高学习效率，最终都是徒劳的。

人人都是脑科学家

"学校的学习很重要……的确如此。"关于这一点，想必您内心一直都是认同的，我就不必特意再用脑科学理论来进行解释了！

事实就是如此。说到底，脑科学能做的就是用它的语言和实验来佐证大家内心隐隐约约的感知。

如果您想了解关于神经元之间的连接有哪些模式？与精神分裂症相关的DISC1基因是否直接作用于神经元并对神经生长的过程进行调节等方面的问题，我们确实会更加擅长一些。然而，这些问题，恐怕大家从来都没有听说过，也很难从以往的经验中得出什么结论。

但是，如果是关于对大脑来说什么是好的，怎样的学习方法才是有效的，孩子该如何去培养等问题，恐怕还是作为家长的您更清楚一些。

因为我们每个人都有一个大脑，使用语言和感觉进行着大脑与大脑的交流，同时也观察着别人的大脑做出的行为。如果大家的大脑给出的答案都一样，这个答案就是合理的。

您用自己的大脑观察着自己的大脑，观察着大家的大脑后得出结果，这个行为的本身就属于脑科学，并非一定要通过核磁共振和近红外线才能观察它。

或许，那些需要有生活和经验积累的事情，脑科学无法给出您认为最好的结论，而且很有可能它还会出错，至少有必要重新修改一下实验计划。

所以，如果您更相信自己的育儿方式，认为按自己的想法去做就可以，建议您现在合上此书。

然后，按您所想去面对自己的孩子，这是完全没有问题的，您所需要的只是一种自信。

就算您不要求了解所有的关于脑科学的知识，只想得到一个大致的说明，我想我也只能说我们目前所了解的大多是基于老鼠和猴子的脑实验做出的推测，关于人脑的知识数据仅仅来自次数还不太多的脑扫描，整个学科尚处于推断的阶段。

即便如此，我还是希望能用脑科学的理论来解释自己内心所想，相信这一切多少都是有据可循的。

如果您是这么想的，就请继续读下去吧。

"块"和"钩"

言归正传，回到高中生的问题上来。

海马把来自五官的信息和以往的记忆连接起来形成新的记忆。海马区的任务就是建立"联系"。

所以，同样是记，肯定是用谐音记忆之类的关联记忆法更容易记住。

想要记住什么的时候，一定想办法组成"块"（组块），彼此

"钩"（关联）着来记。

首先是"块"。

分组成块地记会让记忆变得更轻松。

例如，直接记住长数字"1895648"很难，但分成"189-5648"来记就容易多了。记英语单词也是一样，把句子适当断开，这样既容易理解也便于记忆。

关联性也很重要。

建立起某种关联之后，在导出记忆时，就可以利用彼此的相关性（钩）轻而易举地把记忆提取出来。

比如，"喏，那个人，那个讲岩手县的电视剧里的""海女想成为全国偶像……"等等，能想起这些，也是因为心里有许多跟能年玲奈[1]相关的信息。

但是，"最有效的块和钩"归根结底还是在于"完全的理解"。

所谓"完全的理解"，是指建立起有意义的、学术相关的联系，是对事物进行深入彻底的理解。

我们虽然可以用俏皮的声音或勉强编一个故事来进行关联，确实也能加深记忆。但与其勉强地去分块或找钩，不如从科学的角度来理解它才是捷径。

学问本来就是学者们在日积月累的钻研和发现中形成的体系。不仅理科，文科的学问也是通过理解形成的。章、单元、节，其中蕴含着事物的本质和历史性的含义。

1　日本青年女演员。——译者注

因此，"认真学习""认真理解学问"才是最能促进记忆持久的方法。

所以，让我们彻底地理解，才能建立起最强的组块和关联，而且这个过程中越是有不断的惊喜和发现，越是能感受到内在的乐趣。

父母必须认为"学习是快乐的！"

我曾在拙著《大脑训练法：爱上学习》一书中介绍了迷上"扒金库"的大脑机制，指出不仅是扒金库，任何行为都有着共通的沉迷机制，所以只有搞懂这种机制才能爱上学习。

于是，就有读者发来这样的意见："扒金库能跟学习比吗？太可笑了吧！沉迷机制也许是一样的，但学习伴随着痛苦，难以坚持。比之好玩的事多的是……"

确实是这个道理。不过，如果读者您（爸爸，妈妈）觉得"学习是伴随着痛苦的，是难以坚持的"，那么您想让孩子的大脑全神贯注于学习也一定是困难的。

"学习是快乐的！是非常快乐的！
好羡慕有时间学习的孩子们。"

如果父母脑子里没有以上想法，就不应该要求孩子们去学习。

虽然在某些情况下，学习的确伴随着艰辛，但总体来说，还是趋向于快乐的。您只有开始这样想，才可以对孩子说"去学习！"并告诉他们："学习吧，很快乐的。"

工作也是一样。"这份工作令人愉快，而且有意义。""这是一份造福社会和他人的工作。""我享受其中。"如果上司坚定地这么认为，他底下的员工一定会成长，一定会在某一天找到工作的意义。

工作必然是在某方面对社会有用的，所以就产生了代价，会有报酬。无论从事什么工作，只要我们认真地坚持干下去，就能发现它让人感到愉悦的地方。

学问和工作一样，是一张庞大的、积累型的网络。在这张网络中，点点滴滴的记忆虽然只是零碎的，但积累起来，就会立即显示出它们之间的有机联系。这就是长期记忆形成的原理。

当我们发现"啊，这里也是相关的"，"那背后不就是这个吗？"时，世界会一下子豁然开朗。

这，正是所谓的"快感"。

而这种快感会在某个地方因为社会和个人而联系起来。

越是属于积蓄型网络的知识体系，学习成果越不会与努力的时间成正比从而直线增长。它更像是趴在地上匍匐前进，爬了很长时间后突然看到了开阔的世界一样。而那时，会有一种开天辟地般的快感向您袭来。

所以，对于那些认认真真学习的孩子，就算没有多少进步，我们也要用温暖的目光去守护他们。我们必须要有这样的思想准备，静待前方出现的、带给他们的快感。

睡眠状态下也在学习！

又偏题了，再回到高中生的问题上来。

"睡眠"当然很重要。

睡眠时，大脑进行着脑内物质的修复与合成。众所周知，记忆的加深离不开睡眠，技能记忆更需要睡眠，睡眠时大脑会进行推论等等。

据报道，充足的睡眠对预防阿尔茨海默病也是有帮助的。阿尔茨海默病发病的原因是脑内 β 淀粉样蛋白的沉积。据说在睡眠状态下，β 淀粉样蛋白会减少，而与睡眠相关的脑内物质——食欲素又是 β 淀粉样蛋白减少的关键。

有这样一个实验。完成一个记住位置关系的课题，类似神经衰弱纸牌游戏[1]那样的。此时，点燃玫瑰香，被试者随即昏昏欲睡。当被试者进入脑电波频率缓慢的非快速眼动睡眠状态时，再次点燃玫瑰香。受试者出现了跟做课题时一模一样的大脑活动。而且，据说实施了这个实验操作的小组，比没有实施的小组的第二天早上的课题完成情况更好。

这说明，玫瑰香是一种信号，睡眠状态下的大脑会再现学习的过程。

---

1 一款热门手游。——译者注

这并非曾经流行过的睡眠学习法[1]，这里说的是如果预先带着课题入睡，睡眠状态下的大脑有可能会进行与该课题相关的活动。

当然，什么都不学，一心指望睡觉能做出什么，那是绝对不可能的。关键在于带着课题入睡的高质量睡眠，这很重要。

"怎样才肯学习呢？"

对高中生同学问题的回答到此为止。

"我家孩子完全不学习，要怎样他才肯学习呢？"

"怎样才能让孩子爱上学习呢？"

本书的使命就是回答这类问题的。

至此，这类问题已经有了一个答案。

那就是，让孩子发自内心地觉得"学习是快乐的！"

不是孩子觉得，是大人首先要这么想。

最后才轮到孩子，想让孩子学习的"您"必须这么想。

否则，您所做的就是给孩子带来痛苦，说得严重一点，跟虐待没什么区别。

学习、学问，是人类创造的最大乐趣之一。

所以，学吧。

极致的快乐，充满其中。

_____

1 人在处于半睡眠状态时的一种基于暗示性亢奋原理的学习方法。——译者注你就是这么想的，就要这么想！请相信我。

这是基本中的基本。

正是这种深信不疑，会成为孩子在学习中找到快感、会着迷于学习的关键之所在。

孩子不喜欢被父母数落

古今中外，无论时代如何变迁，父母共通的烦恼之一就是"如何让孩子更好地学习……"

大人往往会忘记了自己童年的散漫，而把自己的遗憾强加给孩子。

自己在孩提时代不好好学习，光顾着玩，一旦为人父母，也会对自己的孩子说：

"不要老是玩，要多学习学习。"

正因为自己现在长大了，懂事了，才会反省"那时候要是多学习点就好了……"于是开始对着孩子整天唠叨"学习，学习"。真是可怜天下父母心。

但是，我们真正应该反省的，不是那时候没有好好学习，而是"要是能多享受学习就好了"。

这，才是重点！

如果不能快乐地学习，就无法促进记忆。痛苦难耐地去学习知识，这样的学习注定不可能持久，也不可能将知识牢牢掌握。

而且，孩提时候的您，父母越是要您"好好学习"，您是不是越是不想学习？

就算父母不断地鼓励您"学习，加油！"，您反而更不想看书，更不想坐到课桌前吧？

孩子都是不喜欢被父母数落的！

也不知为什么就是想跟父母唱反调，家长、老师或是社会，越是理直气壮，他们越是恼火。

越是正儿八经地被教导，他们越是火大。

这是谈"学习"时，父母和孩子之间的"正常"关系。

打破它的关键之一，就是您得先自己变得爱学习，比孩子更喜欢学习。

孩子是"访客"

还有一点，父母需要根据当时的亲子关系因地制宜地采取相应的措施。

面对孩子，您往往固执地认为"现在必须得告诉他正确的态度"，"必须传达正确的意见"。所以，您一定会这样严肃地告诫孩子说：

"赶紧学习！"

"不许光玩！"

您可能会觉得，就算孩子现在不懂，也必须得说。不说的话，他是不可能有任何改变的，说不定，唠叨着唠叨着，孩子就会不一样了呢，哪天就起作用了呢。

但是，您想一想，当您走在路上和某人擦肩而过，您突然叫住对方，对他一顿说教，结果会怎样？

对方会莫名其妙，说不定还会报警。同样的，您也不可能突然对一个来找您丈夫或者您夫人的访客发牢骚吧？

路人和老公或夫人的客人对你来说都是外人。

所谓的外人，只是碰巧出现在您面前而已，他们丝毫不认为自己有什么问题，更不认为和您之间存在任何需要解决的问题。

孩子和您的关系，基本上就是这种访客关系。

孩子只是偶尔出现在了您的面前。

孩子心里不认为自己有需要解决的问题，甚至完全没有这种意识。这就是你们日常生活中的常态关系。

在这样的关系下，说教只会招来反感；在这种关系中，您能做的其实非常有限。

那就——

什么都不用做。

聊些无关紧要的。

见什么夸什么。

如果对方没有问题意识，就算你再用心劝说，你的观点也进不了对方的大脑。这并不是对方的错，这是访客关系中的正常现象。

讨厌父母很正常

亲子关系的基础就是访客关系，与之密切相关的是抱怨关系。

见面就生气，无论父母说什么就是想对着干，要么沉默，要么顶嘴，特别是进入青春期的孩子。

恶心父母。

见着就烦。

原本，当动物成长到能够生育的年龄之时，就会离开父母，建立另一个家庭。这是自然规律。

为此，孩子会觉得有必要与现有家庭决裂，对父母的气味生厌，连看都不愿看到，这绝非个别家庭的特殊情况，而是生物学里的常识问题。

总之，"表扬"就OK

您是不是也感觉自己有困惑。

但困惑的原因在于自己以外的他人，或者环境。

嘴上说自己也有部分责任，其实心里并不这么想。

这样的关系就是投诉人关系，投诉人即满心抱怨和不满的人。

您认为问题的根源在于他人，所以，当您建议他"这样做不就好了吗？"希望他有所改变时，无论是多么真诚的提议，他都会固执地认为问题的症结不在自己，故而埋下愤怒的种子。

在这样的关系中，可以采取以下对策。

见什么夸什么。

夸赞孩子的观察力，让他发现问题。

父母能做的本来就非常有限。

所以，只要不过分，尽可能地去夸他，这是基本。

然后，视情况给孩子一个课题，让他去观察某人或某事。

会抱怨的人，有不满的人，其实时刻都在观察着周围的人和事。正因为观察仔细，他们才会发现这样那样的不满意，才会生气。

而在访客关系中，别说观察了，根本就是擦肩而过，不存在生气一说。所以，观察力倒不失为一个机会，就表扬孩子的观察力吧。

16

可能的话，还可以抛出观察主题：

影响你学习的是什么？

可以试着观察一个星期吗？

让孩子更仔细地观察一下自己不满的根源，这也是应对投诉人的基本态度，让对方说出他对什么地方不满意，有着怎样的不满意。

好的课题取决于观察主题。不过，话虽如此，找一个合适的观察主题并非易事，是需要技巧的。因此，基本上就是只管"表扬"就可以了。

目标确定

能坐到课桌前，夸他。

哪怕他只持续半小时，也要夸他。

居然学了半个小时呢，为什么没有在20分钟内就放弃呢？

结束后，夸他。

什么都夸。

把问题穿插在里面夸。

为什么要这样做呢，关于脑科学的理论和表扬方法的注意点我会在后面讲到。总而言之，但凡孩子表现出专心学习的态度，就要毫不吝啬地进行赞美。如此这般，凝神等待孩子作为顾客动摇的瞬间。

顾客，指的是急欲购物的真正的买家。如果对方是顾客，我们就必须准确把握客户的需求，为其提供适合的商品建议。

适机、适量，再加以适当的方法设定好目标，寻找一切可利用的资源，一步步决定今日乃至明日的目标。

顾客，都知道自己有需要解决的问题，也知道自己有责任解决这个问题。于是，他们会积极地参与，会想要改变。

所以，锁定目标之后，寻找一切可以实现目标的可用资源，决定最初的第一步。

然后，你如果发现"咦，又是一个投诉人？过路客？"便可立即撤退，接下来一直赞美他即可。

这是最省力气的方法。

临床心理学中把这种方法称为"解决焦点短期疗法"。短暂而高效且轻松，非常适合懒人。

"表扬，静观其后"，这是适用于任何场合的方法。

课题型的孩子洞悉法

在我负责的NHK广播节目《暑期儿童科学电话咨询》中，很多听众通过电话提出一些问题。

"怎样才能学得好呀？"

"好想更聪明！请告诉我变聪明的方法吧。"

"考前很努力地准备了，成绩也没有提高，是我脑子不好使吗？"

"我学习吃力，怎样才能喜欢上学习呢？"

这时我就在想，提这些问题的孩子是真的顾客吗？他们是真的想知道答案吗？或者只是在表达着不满？会不会打电话才是目的，提问题只是手段呢？那样的话，就是看起来像顾客，其实是投诉人，说不定还是被父母逼着打来电话的访客。

我一边这样想着，一边重新询问对方的提问内容，一边寻找着真正的目标（真正提问题的），一边继续回答着问题。

本书的目的之一，就是希望大家具备一眼看穿您和孩子的瞬间关系的能力。

我希望通过脑科学和临床心理学知识，提高您洞悉孩子的能力，并在此基础之上提高应变能力。

为此，我在本书中设置了课题。就算觉得麻烦，也请您务必按照提示完成，因为它将有助于您想象孩子的大脑。

当然，有缘拿起本书的孩子，如果你通过阅读感觉到"学习好像有趣起来了哎"，我会非常开心。

第 1 章

像迷上游戏一样乐于学习!

——热衷学习的大脑机制

就是这个样子哦

像迷游戏一样爱学习！

明明知道现在该学习，可为什么就不想学呢……

学习好了对将来肯定是有好处的呀，可是……

如果把打游戏的劲头用到学习上，成绩绝对会提高的呀……

父母可能都会这么想吧，我曾经也是这么想的。

那么，为什么学习就不能像打游戏、玩手机那样让我上瘾呢？

上瘾的时候，大脑究竟是怎样的呢？跟磨磨唧唧学习时的大脑有什么不同呢？

我们就从这里开始吧。

了解了这一点，我们就能知道如何让孩子进入乐于学习状态了。

迷上打游戏、迷上玩手机、成天买买买、痴迷名牌、迷上"扒金库"、迷上赛马、暴饮暴食、坠入爱河、一心只有孩子、烟酒成瘾、迷上AKB48[1]、痴迷扮演动漫人物、扮可爱要美丽。

---

1 曾经流行亚洲的日本女子偶像组合。——译者注

人会对各种各样的事物或行为着迷，其中也有与其说是着迷不如说是依恋，与其说是依恋不如说是上瘾的。不管是浅着迷还是深沉迷，基本都有着共通的"大脑沉迷机制"。

当然，实现了对学习的沉迷时，大脑中的沉迷机制是一样的。

当"无意识的行为"与"快感"结合，就会上瘾！

主角就是多巴胺！

比如，兴奋剂会促进多巴胺的释放，可卡因会防止多巴胺的再吸收，从而增加突触之间的多巴胺浓度。酒精会遏制多巴胺对神经的抑制作用，结果负负得正，反而增强了多巴胺的作用。

谈恋爱、吃大餐、获得意外之财、被表扬、躲过危机、成就目标、感受美好，等等。

归根结底，都是多巴胺神经元在起作用。

快感来自多巴胺神经元，是导致沉迷的根本源泉。

在以"像迷上游戏一样乐于学习"为目标时，有必要再介绍另一组多巴胺神经元。

与快感相关的多巴胺神经元通道起源于大脑深层的腹侧被盖区，穿越大脑扩展到额叶。

这里有一个可以产生愉悦感的系统，即大脑的奖赏系统。

另一组多巴胺神经元通道是从黑质到纹状体的。

多巴胺神经系统的扩散

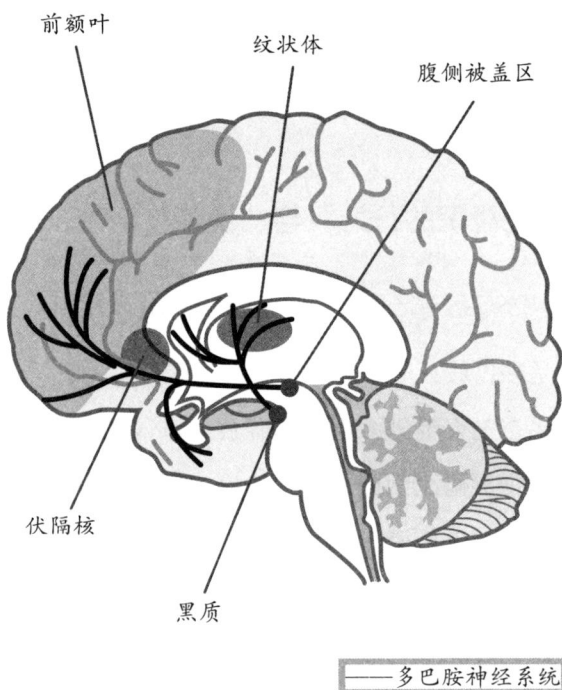

前额叶　　纹状体　　腹侧被盖区

伏隔核

黑质

——多巴胺神经系统

当我们无意识地转动铅笔和敲击键盘时，运动程序随即开启。纹状体的主要机能就是调节肌肉张力、协调习惯性动作、无意识动作和各种精细复杂的运动。

该神经系统功能减退的病症之一是难以控制四肢的活动，就是迈克·J.福克斯和穆罕默德·阿里所患的帕金森综合征。

两个多巴胺神经元通过纹状体连接成回路，"快感"和"无意识的行为"在这里相结合。

这就是为什么我们在转铅笔的时候会很快乐，无意识地敲击键盘会心情舒畅的原因。

我们在对照人玩游戏时的大脑图像和玩游戏的"干劲"后发现，"干劲"度与纹状体的活跃度息息相关。

纹状体结合了无意识的动作和快感，其活跃度的高低关系到"干劲"的大小。

更直接地说，"干劲"源自纹状体，是行为与快感结合的产物。

想象一下"孩子的大脑"

让孩子的大脑迷上学习的关键之一是如何将"与学习相关的行为"同"快感"结合起来。

为此，父母能做的首先是要有观察孩子"干劲"的能力，而且是把"干劲"当作实体来感受，而不是把它们看成抽象的东西。

就好像你能看透孩子的大脑一样，要能想象出孩子大脑中无意识行为与快感相结合时的纹状体的活动状态。

课 题 1

　　请看下面的图片。尾状核与壳核合起来像舌头一样的部位就是纹状体。

　　请想象一下孩子大脑中的纹状体。

课 题 2

　　再想象一下孩子大脑中纹状体的活动状态。

　　请想象一下孩子大脑中的快感系多巴胺系统与动作系多巴胺系统结合在一起的样子。

纹状体的构造

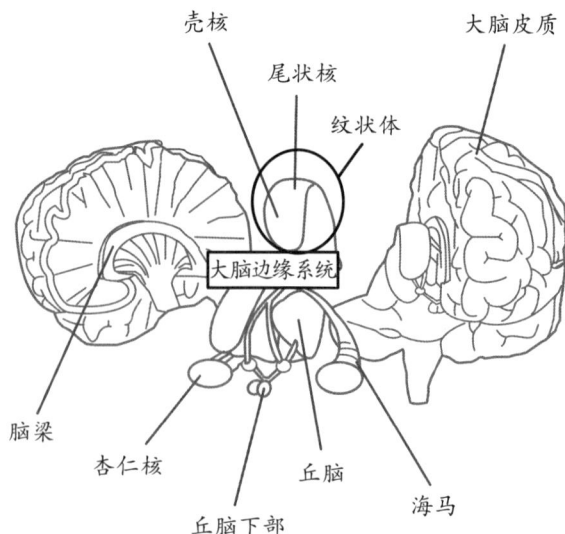

壳核　尾状核　纹状体　大脑皮质　大脑边缘系统　脑梁　杏仁核　丘脑　丘脑下部　海马

把"干劲"这一抽象事物像实体一样物化处理的做法叫作"外在化"，这是一种临床心理技巧。

这种方法用在这里的好处是能将"干劲"与"孩子"本身区分开来。

比如，是说孩子"心懒"，还是骂他"懒人"？是认为孩子"心魔作祟"，还是确定他就是一个"不求上进的家伙"？

这不仅是说法上的差别。不管怎样，后者都带有人格批判的含义。

而前者的"心懒""心魔作祟"则与孩子的人格无关，甚至还可以说，孩子是"心懒"和"心魔作祟"的受害者。

出于对孩子的保护，我们应该能够想到有哪些行为会是"心懒"的诱饵？"心魔作祟"最怕的又是什么？

当我们责怪孩子"你为什么没干劲？""什么也不想干，就是你不对！"的时候，错的都是"你"。而被责备的人也知道自己在被责备。

父母的这种愤怒会刺激孩子的杏仁核，引起"恐惧反应""紧缩反应"和"反击反应"。

其结果就是干扰纹状体的活动，阻碍"干劲"的产生，加速他们对学习的反感。

但是，如果我们把"干劲"和"纹状体"物化并等同起来看时，那我们就会考虑孩子是如何操控他的纹状体的。父母只需观察孩子的纹状体活动情况，寻找操控它的契机就可以了。

首先，让我们想象一下孩子的纹状体，观察一下孩子的纹状体活跃的一刻吧。

另外，也请仔细观察一下是什么妨碍了纹状体的活动。

每个人都有"沉迷回路"

纹状体将无意识的行为与快感结合在一起之后，多巴胺神经元就会积极地发挥作用，使人沉迷其中。正因为大脑中有这样的机制，才会发生"都没意识到自己竟然默默做了好几遍了""不知不觉中做了一遍又一遍"等无意识的行为。

例如，烟草会刺激人的腹侧被盖区，使多巴胺系统活动加剧，给人愉悦和继续下去的欲望。同时，点火、吸气、放松、看烟雾缭绕这一系列的动作，都会附上多巴胺带来的快感标签。

于是，就算您下定决心戒烟，把香烟扔进垃圾桶，还是会再去把它捡起来，或者三更半夜跑去便利店买烟。这些与吸烟有关的行为会被无意识地激发，从而让您对抽烟产生渴望。

之前闹得沸沸扬扬的原清纯派偶像服用兴奋剂的事件[1]中，应该就是更加强烈的、无意识的行为导致的结果。

从这个意义上来说，无意识的行为与快感的结合是一件可怕的事。

然而，就此说"沉迷回路"是极其危险的，那也未见得。这跟药物依赖特有的回路完全不是一回事。

---

1 2009 年，日本女星酒井法子被爆出私自服用兴奋剂，成为当年日本娱乐界著名的事件。——译者注

如果配合良好，会是一种能产生无比高效的回路。

这是我们作为人类必备的回路，会在我们的大脑中一直存在。所有脊椎动物几乎都有这个脑回路。

也正是因为有了这个脑回路，我们才会更多地去尝试让自己快乐的事；才会每天吃饭，维持生命；才会努力工作，努力生活。

全神贯注于学习，也是通过这个脑回路来实现的。

本书将为父母们提供基于脑科学理论的，打造孩子"学习脑"的建设性意见。

孩子是不会听父母的话的"访客"。

因此，父母需要控制自己动不动就想说教的冲动。让我们来想象一下孩子的纹状体吧，想想怎样才能让孩子的纹状体更好地活动，关键点可都在孩子们的日常行为中。

让我们仔细观察一下孩子的纹状体到底喜欢什么。

纹状体最喜欢"兴奋""激动"的快感

在纹状体的腹侧，是连接快感系多巴胺神经元的伏隔核（见第24页）。这里的多巴胺的释放是"快感"的晴雨表。

能让伏隔核活跃起来的"兴奋""激动"的快感，是促使纹状体活动的关键。

当您的孩子得到一个新游戏欢欣雀跃的时候，当您在最喜欢的艺术家的演唱会上情绪激动的时候，当工资远远超出预期的时候，从位于大脑深处的腹侧被盖区到额叶的多巴胺神经元就会强烈地活动起来。

这种"兴奋"和"激动"就是纹状体的最爱。

换句话说，这是一场"干劲回路"的盛宴。

家长热衷交谊舞时，盯着电视为球队呐喊助威时，大脑里的多巴胺神经元正异常活跃着。

请大家想象一下这些场景下的自己的大脑，再想想对孩子来说的"兴奋点""激动点"是什么。请注意观察。

课 题 3

孩子的纹状体在什么时候处于活跃状态?

请写出三个。

1.

2.

3.

课 题 4

在接下来的一周时间里，请仔细观察孩子，并写出你孩子的纹状体"因与学习相关的行为而活跃"的场景。

什么，不止三个?

那，大可不必烦恼了，您孩子的大脑已经足够痴迷于学习了。

不过，也请再观察一周，找出有助于孩子乐于学习的事物，并在不经意间给予支持。

"舒尔茨"和"猴子"

学习成绩不好的孩子，什么时候会对学习产生"兴奋""激动"的感觉呢？

学习上有困难的孩子很难在学习这一行为中体验到"做出来了！""做好了！""好有意思！""原来如此！"之类的快感。

但即便是这样的孩子，在受到表扬的时候，也会产生"兴奋""激动"的"快感"。

都说："让孩子在表扬声中长大。"

其中的依据之一就是来自剑桥大学的学者——沃尔夫拉姆·舒尔茨做过的猴子实验。在这场实验中，舒尔茨把果汁滴到猴子的舌头上，观察猴脑中多巴胺神经元的活动。

猴子非常喜欢果汁的味道，所以当果汁滴到它们舌头上时，猴脑中的多巴胺神经元就会做出反应，活动的数据会迅速出现峰状。

接下来，舒尔茨制作了一个装置来训练猴子，当红灯亮起时，拉下手柄就会有果汁滴下。几次三番后，猴子在红灯亮起时一定会拉下手柄。再观察这种情况下的猴脑中多巴胺神经元的活动后发现，瞬间活跃点变为红灯亮起的时候了，而且，在非常短的时间内形成峰值。

"亮啦！"的那一瞬间，达到最高。

"果汁"等于表扬（奖励）。

"拉手柄"等于学习。

换言之，"红灯"意味着"学习的动力"。

多次重复"学了就会有奖励"后，纹状体就会产生"要不学一学吧"的念头，于是哗啦啦地活跃起来，孩子们的心也会朝着学习而去。

所以，如果您的孩子已经处于学习状态，就算只有30分钟，也一定要夸他一下。没有在20分钟的时候就放弃的他（她）绝不是没有毅力的。

再问他（她）一下为什么还有十分钟就不学了，也是可以的。

更何况，一个之前几乎连书桌的存在都快忘了的孩子，竟然罕见地走向了书桌，这本身就是一件令人意外的事情。

表现出您的诧异，认真地夸赞一下。因为对他（她）来说，这是一个巨大的变化。尤其是如果他还在书桌前学习了一阵的话，更要马上好好地表扬一番。

不要跟您心目中理想的（别人家的）孩子去比，就跟自己的孩子的以前比。那么，想要找到孩子的一点点积极的变化就没那么困难了。

以前不学习的孩子更是万幸，因为任何改变都是好过以往的，绝不会缺少值得称赞的地方。

如果孩子做了与学习相关的事，总之表扬就对了。

如果有对未来的规划，欢呼吧，表现您的开心。

这些都是基本的方法，是想让孩子有所改变的一般规律。

什么是"强化学习"？

驯兽员在动物完成某项表演之后，一定会给动物一些吃的。多次重复"做了××就给你吃的哦"，动物就会言听计从。

诸如此类，并非依靠规范化模板，而是在不断的试错中机械地适应新的环境，就是所谓的"强化学习"。

表扬是强化学习的基础，但这种方法也存在一些问题。

最大的问题是我们必须不断地奖励。

在前面的实验过程中，如果猴子拉下了手柄却没有果汁滴下，多巴胺神经元的活动就会停止，这就是俗称的"头脑一片空白"。

比如发薪日没有发薪，奖金意外地少等等，都会出现这种情况。

只要我一开始学习，总是会表扬我的父母唯独今天没有表扬我……如果该来的没有来，孩子就会情绪低落，完全失去学习的动力，纹状体的活动也会到此停止。

另一个问题是奖励不成其为奖励。

如果每次都有果汁滴下，那么，就算红灯亮起时多巴胺神经元会有活动，但在真正得到果汁时却不会产生反应。因为在"做了以后一定会得到奖励"上附加100%这一条件之后，那么实际上这个奖励就不成其为奖励了。

经常表扬很重要，但如果"只要学习一定会受到表扬"成为理所当然，表扬就没有效果了。

"博彩式"夸奖！

表扬孩子的可取行为，这一点是肯定的。

尤其是"开始了之前没有过的学习行为的时候""表现出前所未有的学习热情的时候""能看出哪怕只有一点点自主性的时候""学习时的眼神发生改变的时候"，在出现这些变化的时候，必须要给予孩子表扬，这非常重要。

但是，如果在持续变化的过程中一直持续地被称赞，"表扬的效果"就会消失。为了维持表扬效果，换成"博彩式"表扬也是比较有效的。

回到刚才说的实验中来，红灯亮起，猴子拉下手柄，百分之百会滴下果汁来。接下来我们稍做一些改变，即把果汁滴下的概率降低到50%或者70%，有的时候甚至没有，不确定什么时候会有。

我们把这种形式称为"博彩式"，这样一来，虽然多花了时间在学习上，但在红灯亮起和果汁滴下时，会出现两次多巴胺神经元的活动高峰，形成双峰性。

这相当于一次奖励，经历了预期出现时的"快感"和实际获得奖励时的"快感"的双重快乐，会更加令人兴奋。

而且，一个奖励两次开心，这是非常值得的事。

刚开始的时候，我们可以每次都给予孩子奖励或表扬，随后可以像扔骰子一样降低获得奖励的概率了。就像拳击比赛中先近距离连续刺拳，然后再寻找机会直拳、勾拳等，这是让孩子纹状体活跃的诀窍。

孩子表现好的时候适当给予表扬，这样既可以提高表扬的效果，最终也能保持孩子的学习热情。

放松感让学习得以持续!

这种博彩式的表扬在孩子的大脑中，不仅激发多巴胺神经元的活动，同时还有血清素神经元的活动。

血清素系统是一种保持镇定和抑制焦虑的神经系统，有"大脑稳定器"之称。

多巴胺神经元使人激动和兴奋，属"动态性"快感系统。血清素神经元则令人放心和安心，有治愈效果，属"镇静性"的快感系统。脑功能的正常运作有赖于兴奋与抑制之间的微妙平衡。

也就是说，博彩式奖励中，会有得到奖励和得不到奖励两种体验，心态的平稳会因此得到锻炼。

这对孩子耐心的培养也是有帮助的。就算奖励来得迟一些，血清素的分泌依然旺盛。这种就当奖励暂时"寄存"在某处的训练可以保持内心的平静。

如果孩子的血清素神经元不能正常工作，就无法耐心等待，会不断地需要被表扬、不断地想要看到问题被解决、强制性地渴望兴奋的快感，进而陷入依赖症状态，有时还会大发雷霆。

那些从小就成为明星，被宠坏了的人，就会一味追求多巴胺的分泌。当情绪得不到抑制，内心得不到安宁，他们必然产生抑郁从而选择使用药物来维持。

相反，血清素神经元活动正常的人，会更喜欢长效的奖励，不会拘泥于眼前的一时之快，而是着眼于未来的幸福。

课题 5

第37页的图是血清素神经元，始于缝线核，投射到整个大脑。请想象一下孩子的这个神经系统。

课题 6

孩子学习的时候，您感觉到血清素在活动是什么时候？请写出三个。

此时孩子的大脑状态，已经接近于沉迷游戏和手机时的状态了。我们实际地观察了人在打游戏、玩手机时的大脑活动，发现此时以额叶为中心的脑区都很平静。

正因为有血清素的存在，才会有治愈感，才会永远坚持下去。

此时的孩子眼睛一眨不眨，很少动头，身体活动也少，或许会有抖腿等下意识的，重复的动作。

血清素神经系统

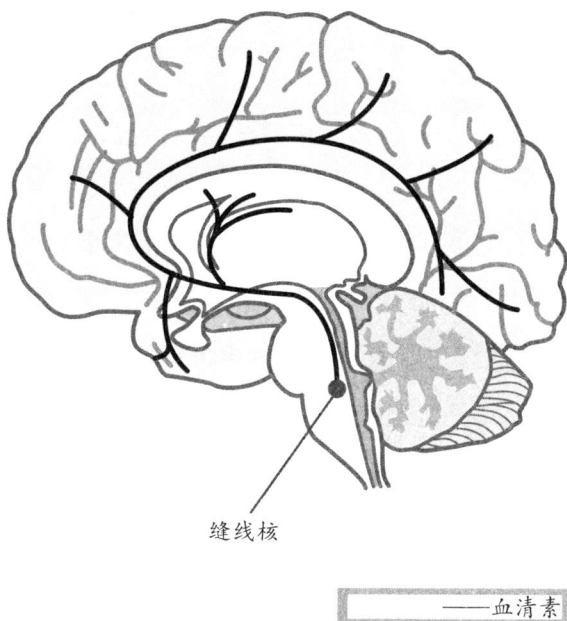

缝线核

——血清素

孩子能静心学习的地方

培养"耐心"的镇静治愈系快感，是形成快乐回路的重点。

比如，一个喜欢玩电脑游戏的人，当他决定游戏网吧时，多巴胺的分泌就开始增加了，那是预想到开始玩弹珠机时的快感，心里一激动，手上的活会干得特别快。

进网吧之后，血清素的分泌开始增加。它让人放松，平静，此人此时心里可能还会想"这才是我该待的地方！"

由于血清素的分泌，"耐心"形成，于是会在那里一直玩一直玩并期待胜局。之前，我们曾经做过一个实验，邀请喜欢品牌的小姐姐们在表参道[1]上正儿八经地走了一回T台。

小姐姐们那时的血清素的分泌也是有所增加的。而且，越是年消费额大的人分泌得越多。所谓被品牌治愈，说的或许就是这个吧。

当我们旅行回来，都会感慨"还是自己的家最好"，就是出于对自己家的迷恋。

如果旅行途中遇到烦心事，会不由得想家，也是因为我们的大脑一直在学会：家，能给我们安心感。

另外，无论旅行多么愉快，还都是会觉得自己的家是最好的，因为我们的大脑明白，只有自己的家才是最能治愈自己的地方。

课题 7

请回想一下孩子在什么时候突然想要学习了？是在什么地方？请写出三处。

能让孩子，哪怕是稍微一点点爱上学习的地方，就是"圣地"。

---

1 东京的四大主要特色街头时装店的聚集地之一，适合有品位有经济能力的人士。——译者注

我们要一直保持那里的整洁，要做到随时可以打开课本和笔记本。孩子每次坐过去的时候，一定要真心诚意地夸他。

当孩子开始学习的时候，家长自己也关掉电视静心看书吧。如果可以，最好是学习，快乐地学习，开心而激动地学习。

我后面还会讲到，当父母快乐且专注地学习起来，孩子的大脑也会受到影响。不管怎么说，这是让孩子爱上学习的捷径。

"学习，我来啦！"的仪式

营造可以让人静心的环境不仅指提供一个学习的地方，能静心学习的状态也很重要。

人的大脑都是贪图轻松的，知道重复性的工作更容易，这种机制就是所谓的"惯性大脑"。

基于大脑的惯性，在看完电视或玩好手机之后，大脑自然很难一下子切换到学习上来。

对这种状态下的孩子吼"快点学习"只会闹得鸡飞狗跳。

要把满脑子都是学习以外的事的大脑迅速切换到学习模式，得让孩子制定一套自己的程序才行。

也就是说，让进入学习状态"仪式化"。

赛场上，棒球选手一郎在进入击球位后总会先摆一个姿势。当然，这是只有他自己才知道的属于他的仪式。大多数运动员都有称作"惯例"的自己的一套仪式。

可以是将某个动作模式化，形成自己的习惯，以让自己保持某种精神状态，提高注意力。

作为进入学习状态的仪式，可以按以下步骤来执行。

①定一个目标，比如"每天学习一小时"，写在纸上。

关键是要用具体且肯定的语言来表达。

②把目标纸贴在墙上，在阶段性的时间里务必盯着它看上五秒。

比如游戏中一个阶段完成时，电视节目结束时，发完手机短信之后等等，总之，在一个阶段结束后，眼睛盯着墙上的目标，告诉自己接下来将进入"非游戏状态"。

③一边看着目标一边进行自己的"仪式"，同时发出声音告诉自己说"我要学习了"。

有身体感觉的动作性仪式会更加有效。

比如咬紧牙关，拍手，尽量伸展，都是可以的。

另外，大声说出"我要学习了"，也会让心情容易转换。

④走向事先定好的学习"圣地"。

学习的"圣地"并不局限于书房和书桌。

为了能更好地专注学习，选择父母眼皮底下的，容易获得赞许的客厅的餐桌往往效果更好。

当然，如果这个过程是周围人安排的就没有任何意义了，一定得是孩子自己发现和决定的才行，不然就没有暗示效果了。

实在有难处，也只能在孩子问"怎么也集中不了注意力，怎么办呀？"的时候，告诉他"也有这样的做法哦"，然后列出过程单子。

过程单子上罗列的最好不是通常惯例，而是适合孩子自己的，独有的。接下来我们做课题。

课　题 8

观察此时的孩子，想想有什么仪式可能适合他或她，请以具体行动的形式写出三个。

　　1.

　　2.

　　3.

有样学样的"镜像神经元"是什么？

之前说到，因为孩子是"访客"，父母所能做的就是为孩子营造一个全神贯注、乐于学习的环境，因为孩子基本上是不会听父母话的。

但是，就算孩子不听父母的话，也会无意识地模仿父母的行为。

脑科学的研究发现，当大脑面对大脑的时候，彼此都试图做出与对方同样的活动。

例如，你面前的人开始转手。此人的大脑中，转动手所连带的大脑部位、运动前区和运动区等与运动相关的脑区开始活动。而你只是看到对方转手，大脑中也会出现自己转手时一样的神经元（脑细胞）活动。

我们把大脑的这种机制称为"镜像神经元"或"镜像神经元系统"。也就是说，脑细胞能够反映眼前人物的动作、意图甚至情感。

最近，美食节目比较流行，当看到嘉宾们拿起筷子津津有味地吃起来，我们的大脑里也会出现使用筷子的神经活动，吃的欲望也会传过来。

多亏了这个镜像神经元，我们才得以把看到的记下来。同时我们的动作和内心被孩子"看到"后，孩子的大脑中也往往会出现同样的活动。

不是经常有这样的场景吗？看到孩子用脚踢开门，家长提醒说："这样是很不礼貌的！"

孩子回击道："妈妈你不也是这样开门的吗？"

镜像神经元的"模仿能力"不容小觑。父母和孩子在一起的生活时间越长，镜像神经元的影响力就越大。

自古以来就有"有其父必有其子"的说法。这在脑科学上也是有根据的，孩子通过镜像神经元，模仿着自己父母的样子。

如果您觉得自己的孩子是早起型，清晨学习效果更好，那首先就让孩子看到父母早起为自己腾出时间的样子。

"不如你也早起学习吧？"的话都不用说。总之，父母自己首先行动起来，后面的就交给孩子的镜像神经元吧。

"只知道学习"的成年人令人担忧！

这里有一点需要家长们留心，也请家长们务必思考一下学习是为了什么，为了谁。

我希望它最终能够与为了社会、为了他人联系起来。

孩子如果除了学习什么都不管，一心只读圣贤书，最终表现一定会不错，考试得高分，成绩也会有进步。

父母可能觉得这样的状态就很理想啊，社会上追求成功的人们或许也是这样想的吧。

我知道，父母都是因为希望孩子能好好读书才多方打听有没有学习上的窍门的。

大家之所以捧起这本书，出发点也是"希望孩子能多爱学习一点"。我当然不会否定家长们的这份心情。但是，作为父母，有责任更长远地关注孩子的人生。

就算孩子掌握了背诵的技巧，强行记忆的能力大幅度提高了，但入学考试并不是单靠死记硬背就能通过的。

又或者他考进了理想的学校，如果没有生存能力，也不可能在今后的工作中有创意，更无法感受生活中的乐趣。

"为了社会、为了他人"的目标意识比什么都重要，如果没有这样的目标意识，学习的动力也是无法保持下去的。

像考取东京大学之类的目标意识，顶多也只是能了解一定范围的知识而已。

如果成长为一个"只知道学习"的人，至少对孩子来说是非常不幸的。

要爱上学习，"生存能力"不可或缺！

为了进一步思考这个问题，现将橘教授等人的关于"生存能力"调查资料的简化版介绍给大家。

不得不说，如果不具备表中所列的自主性和社会性素质，就无法培养自发学习的能力。

请家长们结合孩子的具体情况，一边思考一边读下去吧。

- **不喜欢的事，明确表示不喜欢。**
- **喜欢为别人做点什么。**
- **能预见未来，自己制订计划。**
- **能为风花雪月等美好的事物所动。**
- **能听取别人的意见。**
- **喜欢自己。**
- **主动做任何事。**
- **兴趣盎然，努力工作。**
- **早睡早起。**
- **不任性。**

- 不怕小失败。

- 理解他人内心的痛楚。

- 能自己发现问题点和课题。

- 失败了也能很快从失败中站起来。

- 和谁都能友好相处。

- 能做出适合当时情况的行动。

- 能积极思考问题。

- 认真做好自己分内的工作。

- 体力好，不容易疲劳。

- 不浪费金钱和物品。

谁家孩子这么优秀？让我见识一下！

是的，可能这样的孩子的确不多见。

但是，我想每位家长都希望自己的孩子成长成这样。

没有一个家长会希望自己的孩子不积极地思考，对分配给自己的工作马马虎虎的，动不动就叫苦叫累，浪费金钱和物质。

另外，以上简化版的内容是与学习力相关的。"能够自己发现问题点和课题"等，是培养"学习力"所不可或缺的。

无论孩子多么努力学习，如果基本素质中没有这几项，一切都将是徒劳的。

第 2 章

孩子疯狂爱上学习!

——了解孩子的大脑习性

超喜欢娃娃!

来赛跑呀!

男女不同的学习方式

女人说。

"真的搞不懂男人哎！"

男人也说。

"女人的脑子里到底在想些什么？"

10多年前，一本名为《不听话的男人，不会看地图的女人》的图书曾一度畅销日本，备受关注。这是一本通过"大脑"来探究和解释男女差异的书籍。也正是在那之后，有了"男脑""女脑"之说，并以此来解释男女在恋爱和工作中表现的不同。

"这就是为什么男人的谎言一试就破。""这就是为什么女人能一边手机聊天，一边看着杂志涂脚指甲的原因。"这种以男女之别来做的解释，居然被很多人认同。

同理，母亲和儿子，父亲和女儿之间也会表现出成年男女之间的差异。

家有青春期孩子的父母，面对孩子的叛逆总是显得无能为力。

"最近，我真的无法理解那孩子。"

孩子青春期所特有的"情绪化"，两代人时代背景的不同，再加上彼此的"异性"关系等原因，说不定父母看自己儿子、女儿就像是看外星人一样。

孩子和孩子的个性差别自不必说，因为大脑的不同而产生的男女性别差也是非常明显的。

最近的脑科学研究表明，从神经细胞突触的活性方式到大脑的构造和机能，男女之间的确存在着差异。男性和女性在用脑方式上存在很大的不同，擅长和不擅长的领域也大相径庭。

"男性擅长拼图""女性喜欢'八卦'"等世俗说法，从脑科学的角度来看，并非无稽之谈。

男女脑部的可见差异是与生俱来的。打从母体开始，男女脑部的总体大小、脑内结构的大小、神经系统的连接方式等等，方方面面都表现出了不同。正如这些差异造成的性别差一样，母亲对于儿子，父亲对于女儿，都是不能很好地相互理解的。

虽说个性差比性别差的影响要大很多，但男女在用脑方面的确存在着差异，这是不争的事实。这种差异也与孩子的注意力、记忆力、干劲有关。

了解大脑的性别差，将有助于理解自己的孩子。

同时，这也将为父母营造一个爱学习、乐于学习的环境提供参考。

男孩的"专注型"大脑

最近的一项研究显示，女性大脑的左右连接较好，男性则是左右脑各自的内部连接较好。而小脑情况正好与此相反，也就是说，男性大脑容易促进知觉和动作的连接，女性大脑具有擅长分析和直观处理的结构。

经常听到妈妈们说："女孩子好养一些。"这是因为女孩一般学语言比较快，也更容易交流。相比而言，很多妈妈都觉得养男孩太费心。

确实，在上小学之前，女孩看起来可能更像是"好孩子"。

对比一下这个时期的孩子的大脑后发现，女孩的额叶的灰质更厚，而灰质相当于大脑的计算机部分。

所以女孩学语言更快，能更好地表达感情，更好地进行交流。

另一方面，男孩位于眉毛深处的额叶眶部的厚度与女孩有着很大的不同。额叶眶部是负责察言观色、情感判断、价值判断等的部位。

简单来说就是男孩的额叶眶部"不行"。

男孩的语言和感情往往各自为政，不善于与对方产生共鸣。

女孩很自然地会左顾右盼，"察言观色"，而这对男孩来说却出奇的难……这就是为什么男孩自以为做到了，而在女孩看来却是"并——没——有"！

看来，儿子天生就是不擅长看妈妈脸色的，还请妈妈们多多谅解吧。

左右脑独立运作的男孩自然是读不懂母亲是"厌倦了"还是"悲伤了"的表情的。

但是，男孩大脑的一部分机能是专业化运作的，所以在专业性较强的需要"集中精力"的领域更能发挥他们的一技之长。

专注于"在意的事情"的男孩

全神贯注于一件事。

一次只能做一项工作。

专注做某事时，跟他搭话他也听不见。

男孩的这些特征与他们左右脑独立运作有关。

有时候，妈妈拼命地跟儿子说着话，儿子却会被飞来的一只苍蝇吸引，完全听不进妈妈说了什么。男孩会将眼睛看到的信息直接传达到前额联合区。这是一个与视觉和身体形象有关的脑区，主要功能是空间识别和运动处理，所以男孩的思维是立体的，能对运动的事物快速做出反应。

正因为如此，即使改变地图的上下方位，男孩也能看懂，他们能从不同的角度观察立体图形，也能很好地想象出立体图形。

作为父母，可能会担心男孩"连别人说话都不注意听"。

但是，一旦有了他们在意的事情，男孩就会特别专注，达到屏蔽其他所有信息的状态。

这时的男孩会发挥他们出色的注意力。

如果这种倾向表现为极端的恶，可能就是类似跟踪狂等反社会行为，但如果表现为长处，则潜藏着"良好的沉迷"的可能性。

比如，男性一直以来都凭借其专注于某一件事的高度定力和空间认知能力，在火箭开发和超高层建筑等方面发挥着他们的特长。

让男孩有个"学习脑"！

要想让男孩有个"学习脑"，关键是要发挥男孩的特长——"专注"。

例如，与其让他各门学科均衡发展，不如让他从喜欢的科目着手，尽量让他专注于自己在意的事情，从而养成学习的习惯。

如果他连不擅长的科目也开始认真学习了，就该上"表扬"了。适当地表扬他，让他对学习有持续的兴趣和热情。

如果家长对孩子的要求是"能有一技之长即可"，那更加可以让他尽情地学习自己喜欢的科目。哪怕就一门，只要孩子努力了就该受到表扬。

考虑到男孩思维的立体性、对运动物体比较敏感的特征，可以在孩子的学习房间的布置上多花点心思。

无论孩子是执着的、有较强沉迷倾向型的还是容易分心的、难以集中注意力型的，在父母看来，总是安静的环境更适合学习。

有父母在旁边看电视，孩子是不可能集中注意力的，满屋子都是卡通动漫，想让孩子集中注意力更是痴人说梦。所以，房间的布置一定要简单清爽，有利于学习。

当然，舒适、宽松的空间和时间是必须的，有着轻松氛围的客厅就是能帮助孩子纹状体发挥作用的好地方，比如从傍晚7点半开始，像在自主学习班学习那样。

女孩"像成人一样"用脑

都说女孩早熟，这从大脑的特征来看也是有一定道理的。

因为担任幼儿杂志主编的关系，我对3岁到6岁的孩子在看教材时的脑活动进行了长达10年的观察。女孩的大脑在3岁到5岁之间会发生戏剧性的变化，变得像成人一样用脑。

左右脑同时工作，大脑控制塔——额叶发达的女孩，就算吵架，也能巧妙地运用逻辑（理论）和操控情感（感情），一边感知对方的情绪，一边整理自己的感情。

这种女性型的大脑被称为"共感脑"，女孩从小就表现出"共感脑"的特征。

女孩5岁左右就已经会"察言观色"了，看到爸爸妈妈在吵架，心里会想"我还是装没看见的好"，所以女孩的确比较早熟。

而男孩会在父母大吵大闹中，若无其事地睡大觉。

"一心二用式学习"实则分心？

一边打着电话一边看着杂志涂指甲油，女孩的大脑就有这样的并行处理的能力。而之所以能做到这样，是因为女性擅长多重使用"工作记忆"。

关于工作记忆，我稍后再讲，简单说来就是"大脑记事本"。

男孩不擅长在大脑中同时展开多个记事本，无法做到同时开展多项任务。

与此相对，女孩就能同时打开好几个记事本一起作业，并能顺利地完成各项任务。

所以，女孩的大脑看上去更适合"一心二用式学习"。

但是最近，有了这样的报告。

我们将"一心二用"的维度称为多任务度，分别对多任务度高和低的学生进行了认知机能的测试，比较了他们忽视不必要信息的能力、工作记录的能力、迅速转换注意力的能力后发现，多任务度高的学生的能力反而更低一些。

换句话说，也就是乍看好像是多任务同时进行了，实际上并不是工作记忆的多重使用，只是大脑会对目光所及的事物全部进行处理而已，这样反而助长了分心。

接下来，做课题。不管家里是男孩还是女孩，都请试试看。

课 题 9

观察一下"一心二用式学习"中的孩子。

他们究竟是很好地在利用着大脑笔记呢？还是只是注意力分散在各处而已呢？

请写下观察结果，不能凭想象或记忆，因为一定会有思维定式的偏差。

"脑观察"很重要

虽然关于大脑性别差异的研究发现屡见不鲜，但也是在比较基数较大时才会出现。男孩中亦有"女孩脑"，女孩中也有"男孩脑"。

不过，思考大脑习性，也是外在化的一环，至少可以避免对孩子进行人格批判。

以下是我曾经听某企业的面试官说起过的事。在应届毕业生的面试中，女性表现出绝对的"能干"。不管是回答问题还是陈述自己的意见都清清楚楚，有着男性无法比拟的自我展示能力。这可能就是基于女性共感脑的特征吧。

这样一来，面试官必然会倾向于录用女性应届毕业生。但是，为什么最后的录用结果中的男女比例却是七比三或八比二呢？这里面就有"门道"了。据说是因为男性25岁之后的成长可能性更大。

面试官的解释是，虽说现在女性的结婚年龄推迟了，但总还是会有到了25岁后选择结婚离职的。另一方面，男性在进入公司后的几年时间里如果努力工作，27岁左右就会爆发出自己的实力来。

二十来岁的后半段会是一个"成长高峰"，当然条件是要有之前的积累。

进入社会后，自身的努力自然很重要，但进入社会之前的环境也同样重要。

现代社会是一个彼此交流的社会，不擅长共感的"男孩脑"确实有不利的一面，但也正因为如此，进入社会前的环境才显得格外重要。

请仔细观察一下孩子。在做出"我们家是女孩……""我们家是男孩……"的判断之前，在平日就好好观察一下自己的孩子，表扬孩子好的地方，让他（她）更好，这其中的重要性是不言而喻的。

如果不注意观察，往往会错过表扬的好时机。

课题10

下表就是所谓的"男孩脑·女孩脑"的特征，请在您觉得适合您孩子的项目上画上"√"。

【男孩脑】

□空间认知能力强，擅长形象思维。

□在特定领域有突出的能力。

□比起人，更注重事物和系统。

□对于理论性信息，有着较高的洞察力和处理能力。

□理性重于感性。

【女孩脑】

□语言能力强，擅长综合判断。

□表现出均衡的综合能力。

□共感能力强，沟通能力强。

□能根据实际状况灵活应对，善于处理人际关系。

□感性重于理性。

您的孩子在哪种"脑"上对应的比较多呢？

根据孩子的"大脑习性"打造"学习脑"

相比大脑产生的男女性别差，孩子的个体差异要大得多。

个体差异包括"气质"和"性格"，受到与遗传因素、教育方式、环境因素等密切相关的"大脑习性"的影响。

如果与生俱来的是"气质"，后天形成的是"性格"，那么，"气质"就是基于"遗传因素"的大脑习性，而"性格"则是以"成熟"为基础的大脑习性。

最近听说有父母通过占卜来算自己跟孩子是不是合得来。他们原本只是想玩一玩，没想到结果出来却是与孩子"合不来"，于是就开始为今后的育儿问题烦恼了。

这让我很是吃惊。虽然这样的父母很极端，但我认为现在就是一个"看气质的时代"。

随性、自由变得尤为被重视，越是受"像个成年人"意识的束缚小了，遗传因素就越是容易显现出来。

我想，既然生活在这样的时代，了解以孩子气质为基础的大脑习性确实对育儿会有所帮助。

此外，气质也是行为的基本模式。

气质很大程度取决于遗传性，那么亲子遗传的因素就很大了。家长们结合自己从父母那里继承而来的气质考虑一下，可能就会容易理解孩子的行为了吧。

当然，在打造"学习脑"上，以气质为基础的"大脑习性"只是指标之一。"大脑习性"不同，专注于学习的方式也会不同。

气质的遗传率在40%左右，所以想改估计也是很难的，倒不如想想如何利用这与生俱来的气质，看看给它附加上什么为好，这才是重要的。

确认孩子的"大脑习性"！

请一边想着自己的孩子一边做下面的测试吧，让孩子自己做也是很有趣的哦。

课题11

请在符合您孩子的项目上做上记号。随后,也给自己做一次测试吧。

【A】

□经常换发型。

□便利店和药妆店的新产品一定会去试用。

□忽然想开始新的事情。

□升学首选大城市。

□不喜欢循规蹈矩。

□钱是用来花的。

【B】

□安心、安全第一。

□容易疲惫。

□见人熟。

□更愿意跟朋友发文字进行交流。

□更喜欢待在家里。

□不喜欢出风头。

【C】

□有很多"挚友"。

□看剧或看电影时会情不自禁地落泪。

□爱吃甜食。

□喜欢送人礼物,讨别人欢心。

□喜欢被别人夸,一夸就有动力。

□尽量不拒绝朋友邀请。

【D】

□自己的房间总是收拾得整整齐齐。

□每天在规定的时间吃早餐。

□包里常备应急物品。

□借来的DVD光盘一定会看经典镜头。

□最不能忍受不识时务和磨磨蹭蹭的人。

□稍微胖一点，就会有"减肥"的念头。

从A到D中，符合项目最多的就是属于孩子或您的"大脑习性"，是孩子和您心中最典型的一面。

如果符合的项目数有相同的，那就是具有双重角色特质。

您和孩子大脑习性的分歧，也可能会引发各种各样的矛盾。

🧠 不同类型的"学习脑"的打造法

【A】挑战欲强但容易厌倦的"新奇探索型"。

容易追求"行动加速器"多巴胺的释放，喜欢刺激和新事物，兴趣不断转移。感性丰富，挑战欲强。不过，热情来得快去得也快。

这种类型的孩子刚开始学习的时候，劲头十足，会想方设法记出好笔记，制作精美的计划表，一切表现得相当积极，但没有耐性，很快就会开始厌倦。

除了学校的学习以外，只要是他感兴趣的，什么都会去涉猎，并表现出超强的热心，但往往在成果还没出来的时候就已经偃旗息鼓，兴味索然了。

对于新奇探索型的孩子来说，开始阶段是学习的关键。

不管是做作业还是准备考试，都适合一气呵成，如果制定过细的日程，花大量的时间在学习准备上，很有可能还在准备阶段就开始厌倦。

在备考期间，关键是要想办法让学习欲望持续到后面要学习的科目。或许，一天安排一个科目的学习会更加理想。

休长假的时候，要认清孩子性格上的无常，制定一个假期结束前一周就能完成作业的计划更为妥当。

因为喜欢新鲜的东西，所以不要重复已经做过的习题集，不断挑战新的习题集会更有效。

另外，如果孩子开始了一项新事情，一定要设定"目标"，形式无所谓。成就感是激活大脑的重要因素，是进入下一环节的动力。

接下来是要设定一个长期目标，让孩子在脑海中想象一下未来的自己吧，如果只有挑战精神，没有行动细节，就会前功尽弃，非常可惜。

通过让孩子采取某种形式的有目标的行动，孩子丰富的感性就会被激发出来。

【B】四平八稳的"规避风险型"。

这种类型的孩子大脑中的血清素神经元有"行动的刹车""大脑安定装置"之称，血清素含量能改善睡眠，让人镇静，减少急躁情绪，带来愉悦感和幸福感。本类型喜欢安定，不喜欢冒险，更愿踏实生活而不想有过多的担心。

喜欢熟悉的环境和人事，在自己的圈子里能发挥出实力，不擅长开拓新领域，因为在不理解自己的他人或陌生环境里会倍感压力。

也有不少人因为过于躲避风险，情绪上陷入"焦虑"，兜圈子。

这种类型的孩子基本上不会对习惯性的学习说不。

宁愿"每天哼哧哼哧"反反复复，也不愿节奏被打乱，不然就会想要放弃，一下子没了斗志。

为了控制好"规避风险型"孩子的干劲，不使学习计划大乱，的确需要下些功夫。他们可以在定学习计划的时候预留一些时间，在一定程度上可以应对突然冒出来的事情。

当干劲不足的时候可以让孩子休整两三天，所谓磨刀不误砍柴工，从最终结果来看，效率还是更高的。所以，这种情况下，与其跟孩子说"要不要稍微休息一下？"，不如说"要不就休息几天，下周再继续努力吧？"

对于原本就很有规律的孩子，最好事先能在计划中预留时间，这样，就算日程改变也不会为难。

另外，因为喜欢一成不变，所以更适合踏踏实实地吃透一本习题集。

【C】渴望被认可的"奖励依赖型"。

这种类型的孩子喜欢和伙伴相亲相爱，心地善良，爱撒娇，凡事都想和别人商量，所以希望有一个能成为自己的听众。

"奖励依赖"的"奖励"，是指"被周围人认可的感觉"。如果没有这种感觉，就会感到不安，一旦被拒绝，更会一下子崩溃。相反，在认可自己的人面前，他们则会充分发挥实力。

他们的大脑之所以会这样，是因为决定大脑清醒水平的去甲肾上腺素的神经活动容易发生变化，因而心情变化莫测。如果去甲肾上腺素突然大量分泌，就会引发强烈的紧张和愤怒，有时会一触即发地发怒。

另外，奖励依赖性也与信赖荷尔蒙后叶催产素有关。

渴望被认可，在学习上也是一样的。

"你真努力啊！""好厉害啊！""干得好！"奖励依赖型的孩子期待着这样的表扬。但是在学校里，他们很少能得到来自同等学力的同学的赞美。

这时，就该父母好好表现了，不仅是在家里的学习，对当天在学校的学习也要表扬说"今天也很努力啊"。表扬的基本方式是，首先是连续夸，然后再重点夸。事实上，也有报告说，当孩子听到母亲的声音时，后叶催产素的分泌会增加。

此外，孩子去补习班学习的时候，如果在那里的人际关系出现障碍，孩子会有"被拒绝被孤立"的感觉，有可能会一蹶不振。

所以，孩子每次从补习班回来，家长都要仔细观察一下。如果觉得情况不对，可以和孩子商量一下是不是需要换个补习班。

【D】不服输的完美主义"固执型"。

这种类型的孩子凡事追求完全、完美。一旦开始做某件事，必然勇往直前，做到尽善尽美。另外，他们也喜欢把事物一分为二，非黑即白，容易偏执于"必须……"。

如果是对一切充满自信的人，毫无疑问地会在自己的世界里所向披靡，但因为无法忍受理想的自己和现实的自己之间的落差，往往自我评价较低。

这种类型的孩子喜欢一步一步踏踏实实地学习。

如果一次性做好几件事，就会产生压力，所以在学习的过程中，最好先给孩子安排好事情的轻重缓急。

另外，让孩子有自己确实完成了什么的感觉也很重要。

养成自我认定的习惯，比如，在笔记上写出"今天必须完成的学习任务"，并在评价栏给完成了的项目画√，这样就能对自己的学习成果予以肯定。

根据"大脑习性"选择学校

选择学校时也要考虑"大脑习性"。

特别是大学，校址和校风不同，氛围也会大不相同。再加上学生来自全国各地，人际关系也会比小学、初中、高中更复杂。

"新的邂逅中更能发挥自己能力。"

"熟悉的环境中更容易发挥能力。"

"适合开放的，校风踏实的学校。"

等等，您的孩子属于什么类型的呢？在选择学校时也要考虑孩子的气质。

如果有入学体验、校园庆典等能够直接感受大学氛围的机会的话，建议父母和孩子一起去参加一下。

课题12

难题。请根据孩子的气质考虑适合孩子的出路。

孩子的学习力取决于"环境"！

孩子的学习力取决于环境！

与注意、记忆、问题解决的高级认知功能有密切关系的是大脑的额叶（参照第24页）。如果额叶发育良好，学习力提高的可能性会很大。

说到这里，有些妈妈就会想到"临界期"一说而忧心忡忡。所谓临界期，指的是一生中只出现一次的、能在短时间内记住大量事情的时期。这段时期对学习力的发展非常重要，是学习力发展相对更容易的时期。

有专家指出："需要在临界期的八到十岁之前，培养孩子的'知（知识）''情（感情）''意（意欲）'的基础。"这样一来，可能又有父母担心"我家孩子错过了，太晚了"。其实，所谓临界期的早和晚,只是指与视觉和听觉等"知觉"相关的大脑基本机能部分而已。

而决定"学习力"的额叶在人类8岁到10岁左右大致完成发育之后还会再缓慢地持续发展到24岁、25岁，甚至有报告称60岁左右开始增厚的也有。

额叶的生长极为缓慢，与其他脑区相比，时间跨度完全不同。

所以"后劲"是完全可以期待的。而关系到这个"后劲"的要素之一就是环境，尤其是家庭环境以外的环境。

大脑本身也是如此，特别是额叶的"可塑性"，具有能应对任何环境的特质。换言之，也会容易受到环境的影响，跟随周围环境的变化而发生变化。

因此，营造一个让额叶好好工作的环境，也是提高学习力的关键。

"工作记忆"决定学习力！

额叶控制着之前提到过的"工作记忆"（大脑记事本）。

工作记忆是"学习力的基础"，与记忆力也有深远关系。

也就是说，孩子能否熟练运用自己的工作记忆，关系到学习力的提高。

首先，让我们来切身体会一下什么是工作记忆吧。

请挑战一下下面的问题。

【问题1】看下面一行的单词10秒，记住这些单词。10秒后请用手或纸遮住。

电话，猴子，椅子，苹果

【问题2】100减去7，再减去7，再减去7。请依次说出每次减后的答案。

【问题3】请说出刚才记住的4个单词。

请回想一下刚才做题时的你，想象一下大脑的运作情况。

在回答问题1时，为了记住4个单词，在大脑中做着笔记。

在回答问题2时，打开另一个记事本进行计算。首先把100减去7得出的93记下来。在下一个答案86得出后，93就失效了。

在回答问题3时，回顾最初的笔记，想出那4个单词。

大脑内部应该就是这样工作着的。

这个过程中使用的记事本（临时记忆）和知性工作的组合就是"工作记忆"。

记忆，计算，再次唤起记忆。在做第一题到第三题的过程中，您会多次使用工作记忆。

如果工作记忆的多重处理能力低下，同时完成多个脑力工作就会倍感吃力。

一边读数学应用题，一边理解其内容，同时想着数学公式，再用它来进行计算，最后还要检验得出的答案是否正确……

能够完成这一系列的工作全靠工作记忆。如果工作记忆能力不足，就会在过程中满脑子一片混乱，搞不清楚自己在做什么。

课题13

难题。请回想一下孩子学习困难的时候。

那时，孩子的工作记忆处于怎样的混沌状态呢？怎样才能顺利驱动孩子的工作记忆呢？请根据孩子的情况思考一下。

"学校"是"工作记忆"的培训地

"工作记忆"得心应手，即大脑多重运转，需要的是能控制思维和内心的能力，这不需要专门培训。

记单词，记汉字。

把文字题写成算式。

读文章。

和朋友交流。

这一切都需要有较强的工作记忆能力，需要一边听一边把对话的内容和过程记在脑子里，并理解对方的语意，这就是工作记忆的能力。

学习，当然能锻炼和提高工作记忆能力。

除了学校的五个科目，其他科目烹饪、缝纫（家政）、绘画（美术）、手工（技术）等也都能锻炼额叶。

即使是音乐，再现听到的歌曲时，工作记忆也会发挥作用。在体育锻炼中，你只要稍微做一些有强度的动作，额叶就会活跃起来。

总之，"学校"本身就是工作记忆很好的培训地。

既然额叶的发育会持续到20多岁，完全可以说学校正是锻炼大脑的最佳场所。

为了孩子能精神饱满地去上学，请家长一定给予支持。早上起床后，心情舒畅地互道一声"早上好"，高高兴兴地送孩子去学校，孩子放学回家时，笑逐颜开地说一句"宝贝回来啦"。

也许您会认为这太简单了，但如果孩子觉得"学校没意思"，就会逐渐错过锻炼工作记忆的时机。

为了孩子的"后劲"，请一定为孩子营造一个元气满满的上学氛围。

学习中的"大脑平衡"很重要！

前面说过，额叶负责"知性"。

进一步细分的话，可分为以下三部分。

- 负责思考和判断的知性的"知"。
- 负责理解感情和心情的"情"。
- 负责干劲和意欲的"意"。

合起来就是"知情意"。

以公司为例，如果把"知情意"比作公司各部门，就是知对应企划部，情对应营业部，意对应总务部。

无论多么优秀的销售人员，如果是在一个只有劣质商品和劣质服务的公司里工作，他们的能力都是无法施展的。或者，就算销售和商品都很棒，但是总务部很拖沓，公司内部环境不好，那也很难激发员工的工作热情。

只有这三个部门都发挥出它们应有的职能，公司才能顺利运转。大脑的锻炼也是同样，保持平衡非常重要。

我们在打造孩子"学习脑"的时候，往往会不知不觉地偏重"知"的部分。但是，如果没有干劲，智力也会下降，即使有智慧有干劲，一个不能理解他人心情的人在进入社会后也无法与人好好相处。

特别是一门心思只管学习的孩子，更容易只在意"知"的部分。

只要孩子是在学习，父母就放心了，这其实是错误的认识。从状态上来看，孩子的确是在学习，但额叶并没有被均衡地激活。

要发展孩子的"知""情"和"意"也是必要的。

只有"知""情""意"均衡发展，才算得上真正具备了学习力。

微笑能锻炼"学习脑"！

思想时刻都在发生变化。大脑不断地进行处理和记忆，从而形成理解他人内心的基础。

而锻炼"情"的最好方法就是面对面的沟通。

在对大脑活动进行调查的实验中也发现，相比电话或邮件的沟通方式，实际的见面交谈更能激活额叶。

见面聊天轻松愉快，看到美丽的景色和珍稀物品时会触动内心的感动。

这些体验都能激活额叶，培养孩子的"情感"。

而培养"情"的部分也会有助于工作记忆能力的提高。

最近，越来越多的人指出，不仅是学知识的时候，在与人交流时，也是在大量使用大脑笔记的。

例如，如果只是单方面地把知道的事情说出来，一个记事本就够了。但如果是在会上，就需要在脑内同时打开多个记事本了。比如：

"那个人是这么想的吧。"→用于那个人的笔记。

"这个人会怎么样呢？"→用于这个人的笔记。

"那我就这么说吧。"→用于自己的笔记。

如果没有持续地实时替换多个笔记的能力，就无法实现双向交流，难以同时处理他人和自己的心情。

若是这样，在旁人看来就是"那个人太任性了""太以自我为中心了"，了解他人的心情也会变成一种负担。

如果孩子不擅长和朋友交流，至少父母在家里要积极地跟孩子说说话。

这时，请不要忘记微笑，同时还要想象着孩子的额叶因与父母的交谈而变得活跃的样子。

大脑是同步的，别忘了镜像神经元。

父母笑眯眯地搭话，孩子的大脑也会笑眯眯。反反复复中，孩子的大脑潜移默化地会学会笑眯眯。

没有人会因为被善待而感到不舒服。如果孩子觉得笑眯眯地交谈很开心，自然也会笑眯眯地去面对自己的朋友。

课题14

能让孩子微笑的话题是什么？

请给出孩子可能感兴趣的三个话题。

1.

2.

3.

有助提分的"元认知能力"

干劲和欲望会因"成就感"而倍增。

想要获得成就感，就得设定目标。有报告称，定一个尽可能高的目标，在细胞层面上会更健康一些。

在少子化日趋严峻的当今社会，我希望每一个孩子都能成为有用之才，以自身的成长和对他人及社会有用为乐，还能抑制炎症反应。而且当多巴胺安神经元更活跃时，大脑会出乎意料地多为他人着想。因此，希望孩子们尽可能地将人生目标定得高远一些。

让孩子有目标意识的关键是"元认知能力"，它能帮助孩子从更高一级地看待自己的行动和认识，是一种自我监控的能力。

课题15 ▶

想象一下。

正在学习的孩子观察着正在学习的自己。而且，还体会到这种学习是对社会、对他人有用的。眼前的学习正是为了社会、为了他人……

这种"凝视力"和"联想力"就是元认知能力。如果具备这样的认知力，孩子不仅能在考试中取得好成绩，而且还能很容易就认识到学什么更好。

虽然这对成人来说也是比较难的，但通过提高目标意识来培养孩子的元认知能力，他们的干劲和积极性也会提高。

第 3 章

提高孩子的"注意力"和"干劲"！

——热衷学习的大脑机制

加油　加油

最不想做的事就是"学习"

Benesse[1]的面向高中生的杂志*MANA Vision*做过一项关于"没劲的事"的问卷调查，结果显示，"学习"排在了第一位。

　　"忙着预习复习，没余力学习。"
　　"跟不上学习进度。"
　　"明明在学，成绩就是上不去。"

很多孩子其实很想集中精力学习，但总是提不起劲。您的孩子怎么样呢?有没有因为上课时无精打采而苦恼呢?

不能集中精力上课，是因为大脑没有好好工作。

也就是说，大脑不在学习状态。

---

1 日本某杂志发行商名。——译者注

课题16

想象一下您的孩子。

然后对应以下项目打钩，钩越多，说明孩子上课时越心不在焉。

☐有意无意地在笔记本或教科书上乱涂乱画。

☐回过神来，发现正在课堂上发呆。

☐一有什么声响或一点小事，立刻分神。

☐课堂上有不明白的地方，就会卡在那里。

☐嘴上读着教科书，却心不在焉。

☐非常在意手机里的信息。

☐作业总是拖到最后时刻才做。

☐吵架或挨骂后会耿耿于怀。

☐经常不吃早饭就去学校。

☐经常觉得"无聊""闷死了"。

☐自己的房间、桌子、书包，总是乱七八糟的。

注意力的"决定性因素"

大脑中与保持注意力有关的部分是额叶，特别是内侧前额叶，在注意力调控、感情调控、意愿控制等功能中起着决定性的作用。

因此，激活大脑的这一部分是提高注意力的关键，也是产生良好注意力的源泉。

额叶发育会持续到人二十来岁，在这个过程中，孩子们在初高中年龄时段发育最迅猛。

早起后的"十五分钟"是关键！

为了唤醒大脑，激发一天的活力，早上起床后15分钟的行动至关重要。

在孩子起床前30分钟拉开房间的窗帘，让孩子在朝阳中睁眼，这可使他们的大脑活跃起来。

看日出也能得到同样的效果，告诉孩子早上起来要看看朝阳。

另外，适当的刺激也会促进性荷尔蒙的分泌，从而激活大脑。

做一些轻微的伸展运动是最理想的，比如，在被窝里慢慢地伸展手脚，大幅度地伸个懒腰，都是激活清晨大脑的好方法。

起床前，先慢慢地伸展手脚，指头蜷起来再"啪"地打开，手脚同时做会有更好的效果。

最后再做一个大大的伸展。

另外，脸部神经与血清素的起源点——脑干网状体直接相连。慢慢地、花点时间做些面部运动也有助于大脑的苏醒。

可以在洗完脸以后，一边对着镜子微笑一边活动脸部肌肉，对之前习以为常的生活动作，拿出耐性来，稍微仔细点用心地做一做吧。

稍后我会说明，无论做什么事，只要用心去做，大脑都会活跃起来。

如此这般，从早上开始荷尔蒙分泌就旺盛的话，大脑一整天里都会很灵活。

有助提高注意力的"豆麻藻蔬鱼菇薯"

吃好早餐是提高注意力的基础，再加上进食能让与"知情意"的"知"和"情"相关脑区的活动变得活跃。

这样不仅有助于孩子头脑灵活，还能帮助孩子控制各种情绪，集中精力上课。

有助于提高注意力的食材有"豆麻藻蔬鱼菇薯"：豆（豆类），麻（芝麻类），藻（海带、紫菜等海藻类），蔬（蔬菜类），鱼（鱼类），菇（菇类），薯（各种薯类），包括日餐的糙米饭、裙带菜味噌汤、烤鱼、羊栖菜、凉拌菠菜等，西餐的全麦面包、蘑菇汤、培根、咸鱼、蔬菜沙拉和芝麻酱等。

另外，"细嚼慢咽"和有节奏的口腔运动也能让血清素系统迅速活跃起来。总之，早餐对大脑至关重要。

课题17

请写出明天的早餐菜单。

再写出后天的早餐菜单。

"眼球运动"可立刻集中注意力！

课堂上，孩子稍不留神就会发呆，一做作业就犯困。

那就教孩子做做"眼球运动"吧。

注意力与眼球的操控密切相关。所谓注意力，就是看"如何移动眼球"，直接说来就是将视线固定在某一个点上。

视线的固定不是单纯的眼球不动。当我们专注地盯着某一个点的时候，会利用眼球的运动代替头部的细微运动。

与这种微妙的眼球操控密切相关的是脑部的额叶眼动区。该部位会在你主动关注某一点时被激活。

也就是说，我们可以通过转动眼球来激活额叶眼动区，利用"看"的机制提高注意力。

课题18

试着做做"眼球运动"吧。

您先试试，感受一下它的效果。

①盯着笔记本、桌子、黑板等四方形物体的中央。

②头不动，只转动眼球，按逆时针方向看四个角，数"1、2、3、4……8"，眼球转两圈。

③再按顺时针方向同样看两圈。

④结束后"呼"地长出一口气。

眼球运动的目的之一是抛开脑中的杂念，另一方面，也是为进入下一个动作而做的"专注仪式"。

我们知道，如果想要放弃一件事，最简单不过就是开始另一件事。那"另一件事"如果是学习的话，自然是最好了，可正因为做不到，孩子才会苦恼。

解决的方法就是在那个时候做一件最没有意义的事。

眼球运动就是其中之一。

将"专注仪式"模式化

"专注仪式"有助于打造"学习脑"。之前我也说过，要让自己沉浸于学习，需要一个仪式，就是这个"专注仪式"。

人本来就不擅长突然开始做什么，特别是让他一头扎进"最没劲的事"——学习，要想一下子就全神贯注地学习显然是不可能的。

因此，我们可以利用"专注仪式"，让进入学习状态变得更容易些。

"专注仪式"一旦被模式化，就会慢慢习惯"接下来要开始学习了"，额叶就会放松，镇静，进入"等待"的状态。在慢慢开始学习的这个过程中，能感受到放松的"治愈性快感"。

在这种状态下开始学习，孩子会因学习而产生兴奋感，"干劲回路"的中心纹状体的开关也将打开。只要干劲开关打开了，干劲的维持也会轻松起来。

正因为如此，伴随着得心应手模式的开启，"专注仪式"显得尤为重要，而它的形式其实无关紧要，关键是要模式化。

在学校时，可以是以下形式：

• 想好把教科书、笔记本、文具放在桌上的某个固定位置，上课前将它们摆好。

• 把意识集中在自动铅笔的尖端，注视十秒。

• 在笔记上写下"开始"！

在家里，可以是以下形式：

• 把接下来要学习的内容写在纸上。

• 深呼吸。

• 大声说出"今天也要加油!"

• 朗读喜欢的诗。

• 做屈伸运动。

如此这般，只要是自己定的模式化的动作都可以。

要记住，进行"专注仪式"最重要的是用心地做，因为只有"用心"了，行为和干劲才会联动，纹状体才会活跃起来。

课题19

请问孩子几个问题。

• 最近，什么时候最能集中精力学习？
• 为什么能集中注意力？
• 那是在什么地方？

简单问一下就可以了。想起这些，对孩子形成自己的"专注仪式"会很有帮助。

"专注仪式"须用心

对应的图分别是"通常情况下切卷心菜时（上）"的大脑活动图和"用心切卷心菜时（下）"的大脑活动图。（见下图）

可以看出，"用心"的时候额叶更活跃。

不仅是切卷心菜的时候，我们打扫卫生、洗衣服、记账，无论是简单的事务工作还是别的什么工作，只要用心在做，大脑的活跃度都会提高。

切卷心菜时的大脑活动

（通常情况下切卷心菜时）

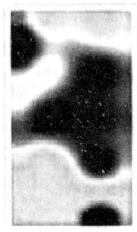

（认真切卷心菜时）

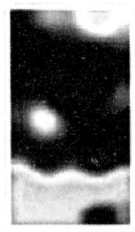

想一想"多米诺骨牌"游戏，多的时候有数百张骨牌等距排列，如果不专注，瞬间就会毁于一旦。

想想那种专注力，您就能理解投入和大脑活化的关系了吧。

在重复做某件事的时候，越是一开始就用心去做，大脑越是会被强烈地激活，也会迅速地镇静。

这样，孩子的"耐心"就会提前进入状态。相反，如果只是随随便便做一做什么事，则需要很长时间才能习惯，大脑也不会形成自动化。

想要激发学习的兴致，进行"专注仪式"时一定要用心。这一点，请千万要告诉孩子。

借助"暗示语"提高注意力

作为"专注仪式"之一，我还推荐使用"暗示语"。它就像"咒语"，能让你专注于学习。

大脑会根据使用的语言让自己的身体发生变化。语言的力量、语言的暗示力不容忽视。

在"自律训练法"中就使用了所谓的公式语言来操控自己的状态。

所谓的"自律训练法"是1932年由德国神经专科医生J.H.舒尔茨发明的一种放松技法。日本的筑波大学和九州大学等机构将其作为心身症的治疗方法之一进行研究，研究结果显示其具有降血压和调节心理的疗效。

方法是这样的：让我们采用坐姿或仰卧姿势，闭上双眼，平稳呼吸，在心里慢慢重复"平心——静气——"，接下来，反复默念："右手重重的——左手重重的——右手热热的——左手凉凉的——"等（即公式语言）。

只要是按顺序进行训练，几乎所有人的手都会有沉重感和温暖感。

当手感觉到温度的时候，热像仪的成像上呈现红色，证明体温上升了。

关于"语言"和"心理"，也有如下实验。

实验前，一名女助手在带被试者去实验室的途中，让被试者帮着拿了一下自己的杯子，杯子里是热咖啡或冰咖啡。

进入实验室后，让被试者阅读关于某人的文章，然后让他评价这个人物的性格。

于是，实验前拿过热咖啡杯的人，将人物的性格评价为"宽容""体贴""温柔"，是一个"温暖的人"；而拿过冰咖啡杯的人，对人物的评价往往是"冷酷的人"。

有趣的是，在处理人际关系中的温暖（信赖）和体感温度两方面的信息时，都与脑岛[1]有关。说"那个人很温暖"时，在大脑中既不是比喻，也不是别的什么，就是真真实实的"温暖"。

即使是对注意力要求极高的高级别运动员，也有使用暗示语作为自己的专注仪式的。

原日本巨人棒球队的明星投手桑田在投球前总会对着球念念有词，也许正是因为这些自言自语，能让他保持平常心，提高注意力。

---

1 脑岛是感觉的发源地。脑岛会引起道德感和共情的情绪反应。例如恶心、骄傲、羞耻、内疚等。——译者注

使用暗示语时的关键是"不要试图成为那样"。

比如自律训练法中，如果你有意识地想着"让手臂变重""让手心变暖"就行不通了，只能是在脑海中默念，进行自我意念才有效，是被动性提高了暗示的成功率。

课题20

能让孩子"内心平静的词句""产生干劲的词句"是什么？
问问您的孩子吧。那将是孩子的"暗示语"。

提高居家学习时的注意力！

家长们都很在意孩子在校上课时的注意力，不知道孩子们在家学习时的情况如何呢？与学校相比，家里有很多让人分心的因素。

电视、游戏、电脑、手机、漫画书……如果不好好加以管理，学习时间会被大量占用。

想象一下在家时的孩子，确认一下孩子居家学习时的专注度吧。

课题21

请勾选以下项目，选得越多，说明孩子居家学习时的专注度越低。

□从坐到桌前到开始学习需要10分钟以上。

□有时会坐在桌前发呆。

□有时会一边学习一边想着别的事。

□总是在意别的房间里传来的声音。

□经常因为想着游戏、手机、电视等而中断学习。

□伏案时姿势不好。

□经常一边吃喝一边学习。

设定学习空间的心锚！

有一本名为《聪明孩子的成长之家》的书，是以考上重点中学的孩子的家庭为原型的，曾备受关注。提到"聪明的孩子"，往往给人一种在自己房间里默默学习的印象。

然而，考上重点中学的孩子却与大家的想象相反，他们大都是在开着电视的客厅，或是在家人吵吵嚷嚷、嘻嘻哈哈的大桌子上学习的。

孩子说：

"在有家人的房间里学习，反而更能集中精力。"

这正是"设定学习空间的心锚"的好例子。那些说没有自己的房间，不能集中精力学习的，都是孩子逃避学习的借口。当然，电视的声音、房间里的嘈杂声的确会阻碍孩子注意力的集中，但这并不能说明安静就一定能集中注意力。

关键是要引导孩子确定一处能抛下心锚的学习"圣地"，养成一到学习时间就能自觉去那里学习的习惯。

"15分钟"学习法

"集中注意力"指的是能动性的集中（"加油!"，鼓劲儿）和被动性的集中（必要信息的自然输入）时的一种平衡状态。此时，一旦"意愿"中枢发挥作用，大脑活力必将提升。

但是，注意力集中的持续时间意外地短，只有10到15分钟。

居家学习时，有很多因素都会妨碍注意力的集中，这时的学习要领是如何有效利用这有限的时间。为此，制订学习计划是非常可取的办法，而什么时候制订学习计划也是有窍门的。

制订居家学习计划的最佳时机是在学习结束之后，即在一天的学习结束后制订第二天的计划。

这个方法的优点在于能够回顾当天的学习内容，可以先整理一下当天做到的和没做到的，然后再制订明天的计划。

另外，作为当天学习的总结来制订第二天的计划，还能让学习热情持续到次日。

制订计划的具体例子之一，就是以每门课60分钟到90分钟为限，组织好适合自己的"起承转合"模式。

前15分钟为热身时间。

我们刚坐到桌前是很难一下子就集中注意力的，这时，可用"专注仪式"来做好进入学习状态的准备，把最初的15分钟用来复习前一天的学习内容。

如果我们是以深呼吸作为"专注仪式"，新鲜的氧气进入大脑，会使大脑更灵活。而且，也能在学习犯困时提神醒脑。

接下来的30到60分钟为正式学习时间。

考虑到注意力的持续时间很短，我们可以15分钟为一个循环，比如先读课本15分钟，再集中解题15分钟，等等。

最后的15分钟兼顾休息，做好第二天的计划。

这时，一定要怀揣"明天也要加油！"的意念来制订计划。

记忆中总是会伴随着"过去的感觉"和"过去的色彩"。回想往事时，那些曾经的"感觉"和"色彩"也会一并地涌上心头。

所以，在制订第二天的计划时，要预先为明天附加积极向上的"色彩"，比如"明天也要加油！""明天也要快乐学习！""明天也会是问题一个个解决的一天"等等。这样一来，当第二天看到计划表时，就会想起这些积极向上的"色彩"而充满热情。

相反，如果附加的是"明天也要学习啊……好讨厌啊！"之类的消极"色彩"，第二天一看计划表就会发出"啊啊"的叹息，脑海中也会浮现出负面的场景。

课题22

如果您的孩子正在为如何制订学习计划而烦恼，可以尝试采用"起承转合"模式。要点如下。

- 每科安排60到90分钟。

- 最初的15分钟用来热身，复习前一天的学习内容或者当天的课堂内容。

- 接下来的30到45分钟为正式学习时间，以15分钟为一个循环。

- 前15分钟读课本，接下来的15分钟集中做题。

- 最后的15分钟兼顾休息，制定出第二天的学习计划。

"不建议长时间学习……"

不知不觉已经学了两个小时了……

作为父母，一定会表扬孩子说"真不错！"但是从大脑活动的角度来看，我并不赞成不加休息地长时间学习。

大脑过于疲劳会导致注意力下降和热情丧失，随着脑内物质的分泌不足，信息的传递功能自然也会下降。

也就是说，好不容易花时间学习的内容，却一点都没有记住。所以为了保持注意力，适当的休息是必不可少的。

虽说制订了"学习计划"，但时间管理起来也并非易事。这时，不妨利用一下定时器。

定时器的作用有二：其一是告知时间节点，其二是通过定时器的声响切换"学习模式"和"休息模式"。

满脑子都是学习的人，即使休息，也会是一边休息一边想着学习的事。

学习的时候好好学习，休息的时候好好休息。情绪的张弛有度也是保持注意力集中的关键。

在休息时间结束时也设定闹铃，可以帮助我们再从"休息模式"恢复到"学习模式"。

这也可以算是前面提到的"专注仪式"之一。恢复学习的时候，如果闹铃声也没能让大脑的模式切换，可以再进行"眼球运动"。

另外，学习过程中的姿势也非常重要。保持正确的姿势能促进大脑分泌出让大脑镇静的物质。

课题23

请确认孩子学习时的姿势是否正确。

有报告说，大脑在挺直腰板的状态下，认知功能是极好的。

😊 注意力下降的时候

再说一遍，人类每次能集中注意力的时间是15分钟左右。孩子因为社团活动等难以保证学习时间时，只要能保证集中精力15分钟，学习效率也是会提高的。

不过，根据当天的身体状况和心情，有时我们恐怕连这15分钟都无法保障。这时，不妨试试下面这些方法。

😊 "拍打操"能帮助集中注意力

焦躁不安，无法集中注意力或学习不顺的时候，可以做做"拍打操"。这种刺激身体的方法会很奏效。

手心向下放在大腿上，有节奏地拍打大腿，闭上眼睛，一边深呼吸一边拍打，效果更佳。

通过这一动作，刺激感从身体传递到大脑，去甲肾上腺系统就会活跃起来。此外，有节奏的运动还能激活血清素神经元，帮助注意力集中，更容易让人进入被动集中状态。

设置"意识隔离带"，提高注意力！

移除视野中多余的事物将有助于注意力的提高。

对那些越是深夜越是能集中注意力的、喜欢图书馆里有隔间的自习室的、在漫画咖啡店的单间就能静下心来的孩子来说，单间、两边和前方阻断的相对独立的学习环境会是很好的选择。

如果没有条件营造上述环境，可以在书桌两端放一大摞参考书、资料、笔记等，形成意识上的隔离带，也是不错的选择。

另外，作为应急处理的方法之一，还可以将双手做成"L"形，放在双眼两侧，挡住左右视线，直到能集中注意力为止。这跟赛马时为了不分心，佩戴遮挡视线用的"眼罩"是一个道理。

利用"颜色"提高注意力

还有一种方法是利用"颜色"来提高注意力。

比如，贴一张黄色签条在桌子上，告诉自己"看此3秒就能集中注意力"。

黄色最容易在视网膜上聚焦成像，因此也是最有助于提高注意力的颜色。这一点，从信号灯中采用黄色作为"提醒信号"就能看出。

同样，蓝色也是能帮助我们提高注意力（主要是被动注意力等于无意识进入视野的信息和图像）的颜色。

此外，红色易令人兴奋，绿色有助调节心理使人镇静。若是想加快学习进度，可在孩子书桌上贴上红色签条，想要放松身心就贴绿色的。大家可以根据自身情况试用各种颜色来帮助自己集中注意力。

课题24

当您注意力不够集中的时候，请试一试以上方法。

如果您感觉有效，可以告诉您的孩子。

您和您的孩子应该会在同一方法上见效。

把握注意力高峰

同样是居家学习，像暑假这样的长假，生活节奏就很容易被打乱，会比平时需要花更多的工夫来帮助孩子提高注意力。

大家听说过海螺综合征吗？

每周日晚看完播放的《海螺小姐》[1]后，一想到"哎，明天又

---

1 2019 年，为庆祝日本富士台建台 60 周年，电视动画《海螺小姐》开播 50 周年，富士台推出《海螺小姐》真人特别剧《矶野家的人们：20 年后的海螺小姐》。——译者注

要上学（上班）了啊……"是不是会很郁闷呢？这就是所谓的"海螺综合征"。

但是周一的忧郁心情，又会随着周末的逐渐到来慢慢高涨，到周五时心情最好，一直好到过完愉快的双休日，然后在周日的傍晚又再度陷入低潮。

时间生理学认为，这种情绪上的有节奏的变化是人类生理周期的一种。

同样，大脑活动也是有生理周期的。我们以周为单位对大脑活动进行的调查结果表明，一周之中，大脑的确存在注意力集中的思维灵活的几天和注意力涣散的反应迟钝的几天。具体是哪几天，又会因人而异。

要想集中注意力好好学习，最好是根据自己的"注意力集中的规律"来制订学习计划。

长假刚开始的第一周里，把握一下自己在这一周中注意力比较集中的是周一，而这一天中注意力集中的又是在哪个时间段。然后，以此为基础，就能比较容易地制订出整个长假期间的学习计划了。知道了自己的注意力规律之后，可以安排注意力集中的那几天背诵和做习题，注意力较差容易分心的那几天里整理笔记和复习。

这种学习的张弛也与多巴胺神经元的兴奋和血清素神经元的镇静有关。

一周中，在注意力集中的日子里加油干活；注意力不够集中，容易分心的日子里大脑处于"蛰伏"状态，可以安排一些不是特别需要注意力的学习。同理，换到每一天，也可以有节奏地安排这一天的学习。

课题25

观察孩子的注意力高峰，并将它绘制成类似下面的图表。

图中横轴表示周几（时间），纵轴表示精神状态。设最沮丧的日子为0，最亢奋的日子为10。

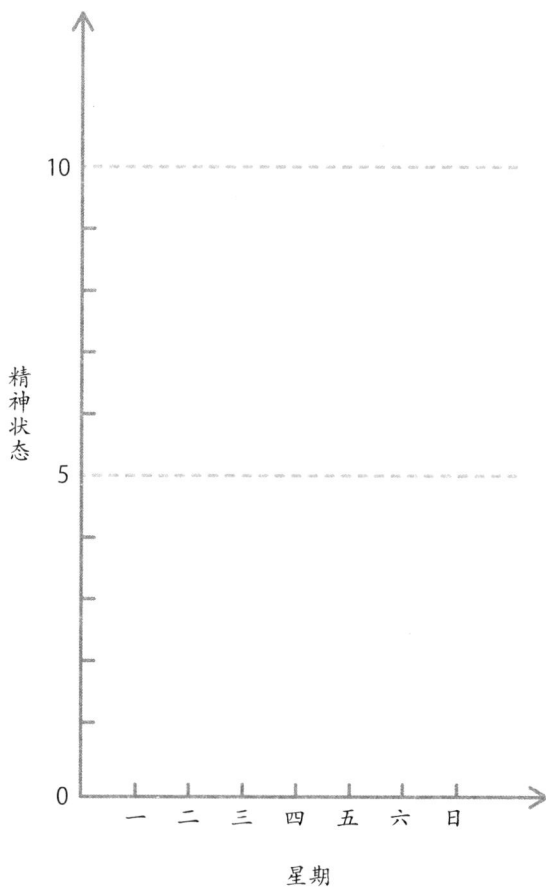

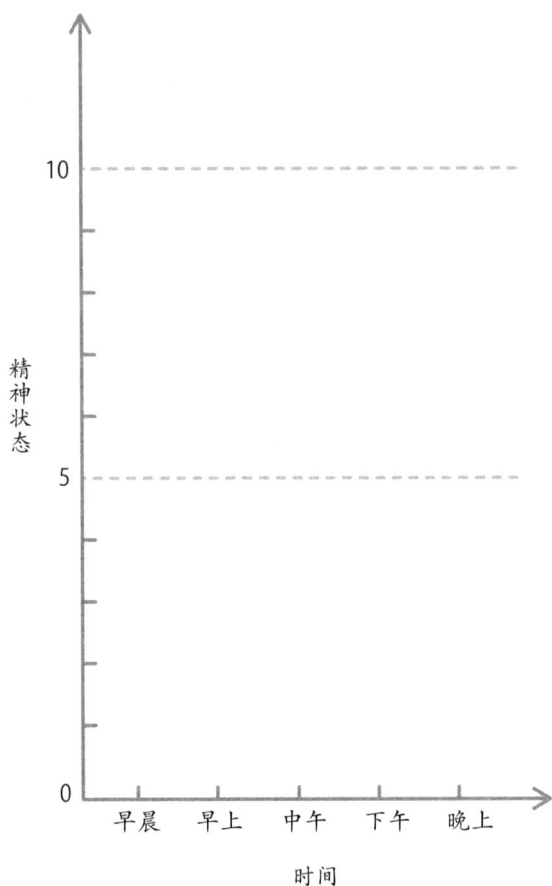

课题26

　　大致了解了孩子的注意力高峰后，为了能够在高峰的那几天、那个时间段集中精力学习，尽量不安排家里的事、不让孩子帮忙、关掉电视等，为孩子营造好的学习氛围。

课题27

　　如果孩子有兴趣，可以让他（她）一边思考自己的注意力集中模式，一边试做一份"起承转合"的学习计划。

人脑天生没常性

　　把握了自己的注意力规律，也安排好了学习计划，可嘴上喊着"加油！加油！"还不到一周，计划就搁浅了……

　　此时，先不要责备孩子说他（她）"三天打鱼两天晒网"。

　　因为，人的本性就是没常性。

　　就像以"周"为单位的心理周期一样，热情也是有周期性的。

　　我们在心里喊着"看我的！"热情似火、干劲十足的当时，多巴胺的分泌必然达到高峰，但之后就会逐渐下降，到第三天或者第五天左右见底。

　　所以说，人就是没常性，努力的心情也会时有时无。

　　刚开始还能集中注意力，过了一会儿就会分心，这也是因为人类具有"驯化"特质。

　　就像反复将手伸进冷水里，过不了多久就不再会感觉冰冷一样。观察此时的大脑活动就会发现，多巴胺的分泌在第一次伸手进冷水时达到最大峰值，第二次、第三次……次数越多峰值越低。

　　大概到第三次的时候，分泌就会稳定下来，由此可以说明人的本性就是容易"三天打鱼两天晒网"。

所以，就算让孩子制订好了学习计划，热情满满地开始学习，到第三天时也都是会失去第一天时的干劲，这就是现实，是没有办法的事情。

"如何做到持续三天的？"

不要盯着孩子三两天就放弃了，要看到孩子的学习计划已经制订好了，而且已经开始做起来。

孩子就算没常性，也是坚持了一两天的，本来第一天就可能放弃的，却坚持到了第二天、第三天，这已经很棒了啊。那么，是什么让孩子坚持了3天的呢？

课题28

不要责备孩子说："你看看，又是三天打鱼两天晒网不是？"，应该问问他：

- 你完全可以不做计划的，为什么想着做计划呢？
- 是什么让你坚持学习了两天的？
- 连续学习3天了，你是怎么做到的？

如果您的孩子不知道怎么回答也没关系。若想找寻"好事开始的理由"，必然会在大脑中继续探索，这就是"干劲回路"的循环。

这种回顾是可以让孩子早日进入下一个"打鱼期"的诀窍。前面说过，我们的大脑中有两个多巴胺系统。一个是从黑质到纹状体的与无意识行为有关的系统，另一个是从腹侧被盖区到额叶的与快感有关的系统。脑内通过纹状体形成无意识的动作与快感的联系回路。

如果你想把孩子的反思与自省及行动联系起来，可以利用孩子已经开始的思考和行动。

发现它并夸它。于是，两个系统就会比较容易关联起来了。

克服"三天打鱼两天晒网"

就算坚持三天孩子就放弃了，还可以有下一个"三天"的开始。

不管是从第四天，还是从一周后，一个月后开始都是可以的。如果又是三天打鱼式的话，我们还是可以让孩子重整旗鼓。总之，不要一次就放弃。

要想激发干劲和注意力，首先是要干起来，没有开始，大脑就不会被激活，也无干劲可言。一直没有干劲就会继续拖拖拉拉，自然无法获得成就感，只会形成恶性循环。

就算不是很喜欢，不管怎样先做起来，慢慢地心情就会开朗，纹状体也会开始活跃。

如此这般，当我们的热情真的开始高涨，大脑会自然而然地切换到注意力集中的模式。

"做起来之后，没想到意外地有趣呢！好开心！"

有过这样的经历，对孩子来说也是一笔财富。他们之后启动"干劲回路"想要开始做什么的时候，这一次次的"半途而废"于他们来说都是经验和财富。

课题29

问问您的孩子：

"有没有开始做起来之后意外地觉得有趣的经历？"

"有没有极不乐意地开始，但后来越做越开心的经历？"

让孩子自己去回想那些曾经的经历，这很重要。

稍高的目标更能激活大脑！

话虽如此，如果我们一开始就做太难的事，"干劲回路"就会空转，在获得"出乎意料地有趣"的自我成就感之前，很可能就遭遇了挫败。

您的孩子是不是排满了学习日程，却到中途就力不从心了呢？

做完全高于自己实力的习题集时，是不是会焦头烂额，束手无策呢？

从大脑的运作来看，这是必然的。大脑如果感知到"做不到""不行不行"，就会极度保留额叶的活动。

以这样的大脑状态继续学习，孩子只会逐渐失去动力。

最后结果是，不仅成为不了大脑获得成就感的契机，反而让大脑知道了"努力也是白搭"。

这样一来，就算下一次的挑战难度有所下降，大脑也不肯动起来，到最后，原本可以做到的都会变得消极懈怠，无法完成，这可是很危险的。

不想学习的理由之一就是"学了，成绩也没有好起来"。

人一旦认为"不行不行""学了也没用"，就会陷入失去继续学习的欲望，成绩更难提高的恶性循环。

打破这种恶性循环的方法就是，将目标水平设定在比实力稍稍高一点的位置。

我们在报名语言学校时，之所以会被推荐比自己实力稍高一点的班，就是因为那里是最有希望达到的水平。

与其看一篇全是生词的读本，听一段几乎完全听不懂的听力测试，不如从基本上看得懂、听得懂的程度开始，这样不仅进步快，也能切实感受到学习的乐趣。

"虽然看起来有点难，不过还是基本能懂。"

所以，我们不管是制订学习计划还是做习题集，都要把握好这个度，也就是说要觉得做了是有意义的，不是白做的。

考虑到大脑的活化，可以将目标定在比自己的实力稍高一些的程度，那里有孩子的成就感和干劲的源泉。

"耐心"有助成绩提高！

打破"做了也不会"——"没劲"——"成绩上不去"的恶性循环的另一个方法是培养能等待结果出现的"耐心"。

课题30

请想象一下所谓的"学习好的孩子"是怎样的孩子。

考试分数高的孩子？

成绩一直好的孩子？

注意力和记忆力出众的孩子？

我并不认为这些回答是错误的，只是不全面。

学习好的孩子应该是"即使成绩没有提高也能耐心等待好结果出现的孩子"。

那么，为什么成绩上不去还有耐心等待好结果呢？那是因为他们具备"褒奖自己的能力"，会持续努力。

"努力了，但是没有做成……"他们不会灰心丧气，而是会鼓励自己说"没关系，你很棒！下次一定没问题，下次一定行"，接着再去挑战。

因为期待着"下次"时的"快感"，所以能做到耐心等待结果，这正是充分调动了"干劲回路"，迷上学习的孩子的状态。

这样的孩子有"自主学习"的习惯，会自己制订学习计划。

树立目标，积极而努力地学习，即使有错误，即使失败，也会通过错误或失败找到解决的方法，并在之后一步步提高。如果孩子通过自主学习形成了这样的循环，就能促进大脑活化，学习力的提高指日可待。

之前我已经多次提到过，与培养"耐心"相关的是血清素神经元。

能让人感到满足和安心的血清素神经元如果发挥作用，就能做到耐心地等待下一次快感的到来。比如，"在那里学习，不知为何总能让人内心平静"的这种乐于在某处放下心锚的快感，这就是血清素神经元带来的。

为了发挥血清素系统的作用，父母的支持非常必要。

以下是我之前强调过的：

- **让孩子定一个学习的"锚地"，布置好，整理好。**
- **让孩子好好地吃早餐，注意饮食平衡。**
- **督促孩子适度运动。**
- **调整好睡眠节奏。**

这些环境的营造都与调动和发挥血清素系统作用有关，对促进孩子"耐心"的成熟有着积极的作用。

克服不擅长的学科——了解了"差异"就会喜欢上！

本章的最后，来说一下如何克服自己不擅长的学科。灵活应用这个方法，可以从意识上减少自己不适合学习的想法。

在奥巴马当选美国总统的同时，科学家发表过一项研究结果。

研究内容是如果非洲裔的奥巴马当选美国总统，美国针对非洲裔美国人的偏见是否会减弱。

结论是"从科学的角度来说，确实有减少种族偏见的现象出现"。

研究试验是训练20名白人大学生辨别长相相似的黑人脸。首先，给他们看几张黑人的脸部照片，然后，混合其他一些脸部照片再给他们看，让他们区分照片上的脸"是之前看过的"还是"第一次看到的"。

训练反反复复经历了10个小时，对训练前后的IAT（即偏见度）进行了测试比对，结果显示，那些面部识别能力有显著提高的学生的偏见度降低了。白人大学生在训练辨别脸部照片的阶段是对黑人的脸部进行仔细观察的。

所谓"看，就会喜欢"。

再加上还需要辨别出细微的差别，于是，对个体的辨别能力提高了，对黑人整体的好感度自然就提升了。

"喜欢回路"和"讨厌回路"

判断"喜欢"或"讨厌"的是位于与记忆相关的大脑海马入口处的杏仁核。杏仁核是与人的情绪、感情密切相关的部位，它将选择项的范围缩小为"喜欢"和"讨厌"，然后负责逻辑思考的大脑额叶会从中做出选择。

例如，不擅长日语的孩子在感叹"讨厌日语啊"的时候，杏仁核就会向海马发出"讨厌"信号，与日语相关的所有记忆随即都被打上"痛苦"烙印。而且，"讨厌"信号还会传递到大脑中与意欲相关的脑区，从而降低对日语的热情，形成"讨厌回路"。

相反，如果感觉"超喜欢日语"，就会在拿起日语课本等无意识的动作上统统贴上"喜欢"标签，会舒心地去学习日语，从而形成"喜欢回路"。

在不擅长的科目中启动"喜欢回路"

不要对自己不擅长的科目笼统地说"讨厌"，可以再细致地分析一下。

是不喜欢这门课的什么呢？哪里是自己的弱项呢？去年就弱在

这里了吗？现在呢？还是吗？或者已经不是了？怎样做才能缓解沮丧的情绪呢……

如此这般，在区别不同程度的"不喜欢"的过程中，可能会一点点减少对这门课程的厌恶，说不定还会减少一大半。

然后，再把它与有趣的事情关联起来。比如，当开始学习自己不擅长的科目时，在进行面对书桌、打开书本和笔记本、拿起铅笔这一系列行为时，坚定地告诉自己"我喜欢学这门课！"这非常重要。

于是，"喜欢回路"就会启动，会热情满满，头脑也会变得灵活。

所以，我们在做第二天的上学准备的时候，试试一边想着"我喜欢做学习准备"一边做吧，这应该能从意识上缓解对学习的畏难情绪。

第 4 章

提高孩子的"记忆力"！

——基于脑科学的超强"记忆"训练法

短期记忆

长期记忆

"记忆力好的孩子"是怎样的？

在脑科学理论中，根据记忆保留时间的长短，分为短期记忆和长期记忆。较短时间保存在大脑额叶和海马等部位的记忆是短期记忆，转入到大脑皮层中的记忆就是长期记忆了。

但是，在想要记住什么的时候，在考虑什么时候复习更好的时候，假设一个像下面这样的"中期记忆"的范畴会更加有效些。

短期记忆：几秒到1分钟左右的记忆。15秒后会遗忘90%。

中期记忆：几秒到几天，最长一个月左右的记忆。9个小时后会遗忘大半。

长期记忆：数周到数年的记忆。

如果不把短期记忆变成中期记忆，不把中期记忆变成长期记忆，我们迟早会遗忘。其中的关键是中期记忆，首先要想转化为中期记忆，学习后立即复习是很重要的。然后，要将中期记忆变成长期记忆，一个月左右后的复习又是关键。

那些所谓"记忆力好的孩子"，就非常了解这样的复习节奏，他们并不认为自己的记忆力有多好，只不过是抓住了复习时机。遗忘是正常现象，所以需要复习，清楚知道复习时机的孩子就是"记忆力好的孩子"。

"工作记忆" 对记忆力也很重要！

曾有人做过这样一个试验，给被试者看几张相片，每张相片看两秒钟，然后让他们判断相片里的景物是"室内"还是"室外"，同时观察他们的大脑活动状态。

半小时后，在刚才看过的相片中加入一些他们没看过的新相片，随即再抽取给他们看，问他们是不是之前看过的相片。

试验结果显示，最初判断"室内"还是"室外"时，前额叶外侧部和颞叶内侧部活动越是强烈的，对相片的记忆越清楚。被试者会肯定地说是自己之前看到过的相片。

从太阳穴到稍微上部的脑区就是额叶外侧部，记忆和信息会临时在这里存储和组合（见第112页上图）。

颞叶内侧部包括海马、海马旁回、内嗅皮质、嗅周皮质等等，是存储短期和中期记忆的部位（见第112页下图）。

额叶外侧部和颞叶内侧部与顶叶等脑区联动，负责短期记忆中的一种——"工作记忆"。

"工作记忆"是一种对信息进行暂时加工和贮存的容量有限的记忆系统，在许多复杂的认知活动中起着重要作用。

在前面的实验中，判断相片是"室内"还是"室外"，就是将从相片中获得的信息与过去的记忆进行对比的过程。

大脑外侧

前额叶外侧部

前额叶

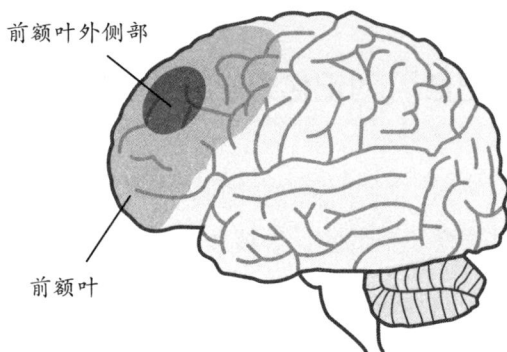

从脑下方看到的图像

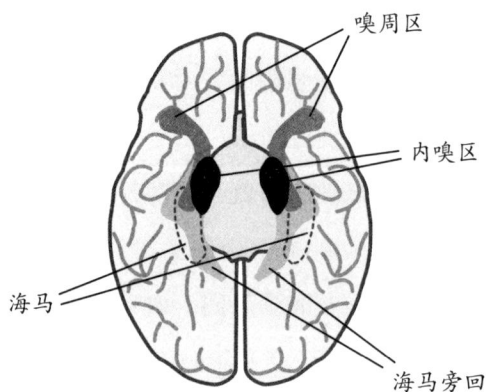

嗅周区

内嗅区

海马

海马旁回

试验结果表明，工作记忆中越是进行"深度"处理，额叶外侧部和颞叶内侧部越会被激活，从而促进中期记忆化。

工作记忆是认知活动的核心，所以也是学习力的基础。

在记忆力方面，工作记忆的强弱起着关键作用。如果孩子的工作记忆不能正常工作，就会出现"花了两个小时学习……却什么都想不起来……"的结果。

利用"工作记忆"加深记忆

为了确认孩子的工作记忆是否工作良好，我们再来挑战一回第二章中介绍过的工作记忆体验。

这次是"挑汉字"。[1]

为了确认孩子的工作记忆是否工作良好，我们再来挑战一回第二章中介绍过的工作记忆体验。

这次是"找汉字"。

课题31

【找汉字】

请阅读以下文字，在把握内容的同时，数一数文中共出现了几个"的"字。

兼做复习，我们就用前面提到过的关于记忆分类的文字吧。

---

1 因为日语的文字包括假名和汉字（单词的发音由假名构成），日语原文中的课题为挑假名"の（no）"。为便于中国读者练习，我们把它改为找汉字"的"。——译者注

根据保存时间的长短可将记忆分为以下三种。

短期记忆：几秒到1分钟左右的记忆。15秒后会遗忘90%。

中期记忆：几秒到几天，最长一个月左右的记忆。9个小时后会遗忘大半。

长期记忆：数周到数年的记忆。

一边理解文字一边阅读，读过的部分会"记在脑中"，工作记忆发挥其作用，对内容进行把握。另一方面，要把文中的汉字"的"数出来，就需要启动另外的工作记忆。如果"的"字很多，往往会数错。

这就是工作记忆多重使用的感觉，如果没有这种能力，就无法进行学习。

课题32

来体验另一种工作记忆。

请阅读下面这段用拼音书写的语句。

ji yi shi shen jing yuan zhi jian de wang luo lian jie er qie zhe zhong lian jie de qiang ruo du ke dui ying ji yi de zeng qiang huo jian ruo suo yi ji yi bu xiang dong xi shi zhong cun zai yu mou ge di fang

记忆是神经元之间的网络连接而且这种连接的强弱度可对应记忆的增强或减弱所以记忆不像东西始终存在于某个地方

这段文字中没有汉字，没有标点符号，非常难读，大家已经切实感受到了吧。

由于无法顺利读取，工作记忆的负荷大大增加。但是，正因为工作记忆难度加大，会比简单的读取记得更清楚，能更深刻地留存在记忆中。

最后再来一段。

Du qu mian bu ji yi de guan jian shi fang chui zhuang hui bu guo ye zhi shi zai zhe li jiang ting jue de wang luo yu mian bu ji yi guan lian qi lai er yi ji yi gui gen dao di shi xu yao lian jie ru he jian li lian jie cai shi ji yi xing cheng de guan jian

读取面部记忆的关键是纺锤状回不过也只是在这里将听觉的网络与面部记忆关联起来而已记忆归根到底是需要连接如何建立连接才是记忆形成的关键

读得越是辛苦越容易留在大脑里，为了理解内容而努力阅读，内容也会变得记忆深刻的。以下是关于"纺锤状回"的解释。

纺锤状回与脸部认知有关，与牵涉好恶的杏仁核也有着很强的联系。另外，负责记忆的海马在杏仁核兴奋的情况下，会更容易工作。所以面部容易调动感情，容易留在记忆中。另外，形成期时，脸部判断并没有集中于此，是随着逐渐发展趋于局部化的。有趣的是，爱车人士在区分车型时据说也会使用纺锤状回。所以说，车也是有脸的。

有了这段关于"纺锤状回"的说明之后，我们就能更好地理解记忆是神经元之间的网络连接这一概念，从而留在记忆中了。

记忆的"情景化"

提出"工作记忆"这一概念的是英国认知心理学家巴德利。他认为：工作记忆由中央执行系统和记忆领域构成。最初，我们认为记忆领域包括"负责口语材料暂时存贮和处理的语音环路"和"负责视觉材料暂时存贮和处理的图像记忆"两个子系统。

语音环路是通过重复等方式循环保存语言和声音信息的系统。刚才让大家读拼音的时候，就有赖于"声音"的环路。

图像记忆被称为"视觉空间画板"，是对视空图像进行初步加工的系统。例如，"纺锤状回"，首先是以音——"fangchuizhuanghui"的形式保存在语音环路中，同时，"纺锤状回"四个字又会以文字的视觉印象留在记忆中，就是利用视觉空间画板保持记忆。

现在，在记忆领域中又增加了新的子系统，即"情景缓冲区"。是为语音、视空信息与语义信息提供的一个暂时整合的平台，就像观看视频一样，是形成完整连贯的情景存储记忆的系统。

"语音环路""视觉空间画板""情景缓冲区"以及协调它们的负责对长期记忆等信息进行交换的"中央执行系统"共同构成了工作记忆的四个成分的理论模型。

从工作记忆系统的构建来看，

记不住"fangchuizhuanghui"。

（无法依靠语音环路固定记忆）

↓

看过"纺锤状回"四个汉字后，就容易记住了。

（通过使用视觉笔记提高了记忆）

↓

读过"纺锤状回"的说明后，记得更清楚了。

（通过利用与纺锤状回的相关信息、情景缓冲区，加深了理解，加固了记忆）

这样一来，记忆逐步加深。

实际上，这也就是"理解"了。

"主人公感"令记忆增强！

通过"眼睛"和"声音"来记忆，能大大提高工作记忆的效率，如果还能记得像动态视频那样，就更好了。确切地说，如果能在记忆中融入"主人公感"，记忆效率会更高。

自己亲身经历过或感受过的故事都会记忆犹新，久久不能忘怀，"主人公感"就是让记忆成为自己的故事。

所以在记什么的时候，以接近自我体验的形式将内容情景化，会更容易记，而且记得更牢，学习也是一样的。

对事实及概念类信息的记忆称为"陈述性记忆"，对在特定的时间、地点发生的个人体验和当时感情的记忆称为"情景记忆"。

比如在学习历史的时候，我们与其单纯地去记历史年号、人物名字、事件名称，不如在大河剧里看看《八重樱花》，脑海中会更深地留下对新岛八重[1]的印象。

如果能再把自己投射到新岛八重身上，就能更好地记住这个历史人物了，主人公感是增强记忆的诀窍。

便于忆起的"分支图"

手写记忆是一种非常重要的记忆方法，因为它同时利用了语音环路和视觉空间画板。加上大脑运动区和身体感觉区等也在活动，能让身体记忆功能得以充分发挥。

书写的时候，最好用比较容易记或容易看的形式，比如"分支图"，流程图、思维导图、KJ法、鱼骨法等等也都可以。我想，会学的孩子应该已经在使用类似的方法了。

以图像和分层方式呈现的分支图，不仅有助于内容的组织，而且有助于加权和整体把握。

理清和展现事物之间的关系能促进理解，理解透彻了，就能在适当的时候记住适当的内容。

---

1 日本昭和初期的女性，是首位日本皇族以外被政府授予荣誉勋章的女性。——译者注

作为记忆核心，海马的作用是将五官感受和记忆的信息建立起某种新的联系，等于建立一种新的世界视图和理解形式。

因此，有助于理解和记忆的分支图是创建和调用记忆极好的工具。

"理解""记忆"的关键词是"3"

绘制分支图的诀窍是"3"。

您听说过"魔法七号"吗？

例如1863、398605、72960147，逐渐增加数字的记忆位数。据说一般人能瞬间记住的最大数字是7左右两位的数字。这就是所谓的魔法七号。基于此，人类的短期记忆容量大概是7块（集合）左右。

但最近对工作记忆的研究认为，"7"这个数字还是太大了。因为有感觉记忆等超短期记忆，或者谐音记忆等的辅助，才能记住7位左右的数字。实际上，在信息的集合（块）中，人能记住三四块就已经是记忆的极限了。

在"这个""那个"以及"那个"的3块的基础上可以再附加一个"其他"。

因此，促进工作记忆正确并深刻处理的关键是"3"。考虑到容易理解的形式，按照上限"3"来对内容进行整理是最理想的。

三分支图例

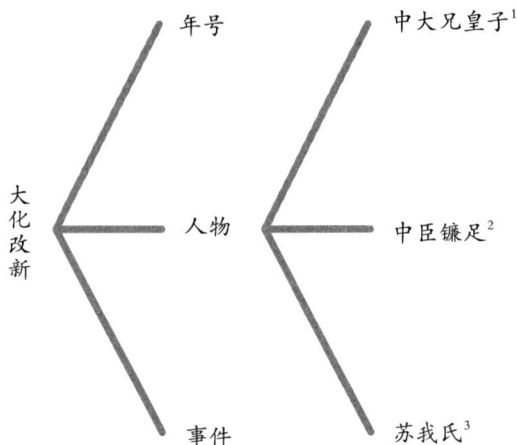

---

1 即"天智天皇"。日本天皇（668—671年）。即位前称中大兄皇子。舒明天皇（629—641年在位）之子，母为皇极（重祚为齐明）天皇。公元645年联合中臣镰足推翻苏我氏，拥立孝德天皇即位，并领导大化改新。——译者注

2 中臣镰足（614—669年），日本飞鸟时代的政治家，藤原氏的始祖。中臣镰足在大化改新前后作为中大兄皇子（天智天皇）的心腹活跃于日本政坛，为藤原氏的崛起构建了基础。《藤氏家传》记载中臣镰足"伟雅、风姿特秀"，字为仲郎。中臣镰足曾受学于大儒南渊请安。645年（皇极天皇五年），中臣镰足参与诛杀权臣苏我入鹿，推进改革。——译者注

3 即姓氏名，苏我氏是日本从古坟时代到飞鸟时代代代都出大臣的实力氏族。其中的苏我稻目、苏我马子、苏我入鹿等都在相当长时期里控制了日本的政局和天皇的废立。但随着苏我入鹿和苏我虾夷的相继死去，这个氏族也走上了覆灭的道路，在日本历史上最终走向消亡。——译者注

如果不擅长整理笔记，我们可以将学习内容用3-3-3的分支图放在脑海中、在笔记本上进行整理，从而加深理解。

比如，学习江户时代的农村对策时，与其单纯把年号、人物、事件一个个写在笔记本上，不如以"江户时代的农村对策"为题做成图表更好理解。

我们在制订学习计划时也是做成三分支图更有效，因为这样既可以直观地了解优先级和总体进度，而且更容易分配时间。

实在不能减缩到三分支的，可以先定两个优先项，再加一项"其他"构成三项，然后在"其他"的部分再进行分支，这样做可以说是最符合工作记忆容量的做法。

所谓"容易记或容易看的图形"，也就是"容易理解的图形"。只有"容易理解的图形"才是"让记忆长久的图形"。

记忆，并不是记住信息，而是将信息统合起来，使之与其他信息产生关联。

比如参考书，编写得好的参考书一看就觉得思路特别清晰，因为书中的学习内容有条有理，内容与内容之间有肉眼看不到的"钩"在相互关联着，所以特别容易理解。

支撑着这种"关联"的就是情节缓冲，即"记忆情景化"。

考前计划表

教科书 — x天x页

我的计划是这样 — 问题集 — x天x分

其他 — 复习错题

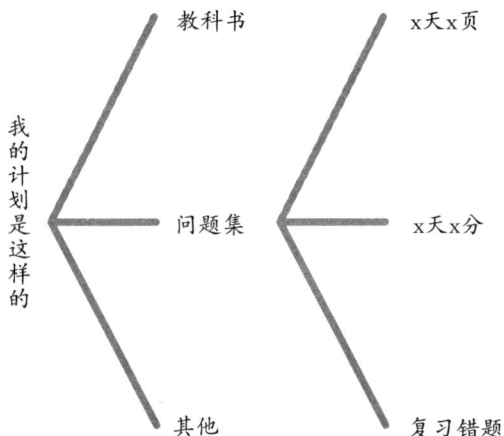

怎样才能做出类似"情景"的东西呢？那就是深度理解，貌似绕了弯，其实是磨刀不误砍柴工，对信息的充分理解会有效地促进记忆的落实。

简单说来，就是要"理解性地学习"。

课题33

下面让我们切实感受一下三分支图的效果吧。

请在下一页图表的空白栏里填入自己的项目。

例题是"节约家庭开支"，任何题目都是可以的。

让我们来填空吧

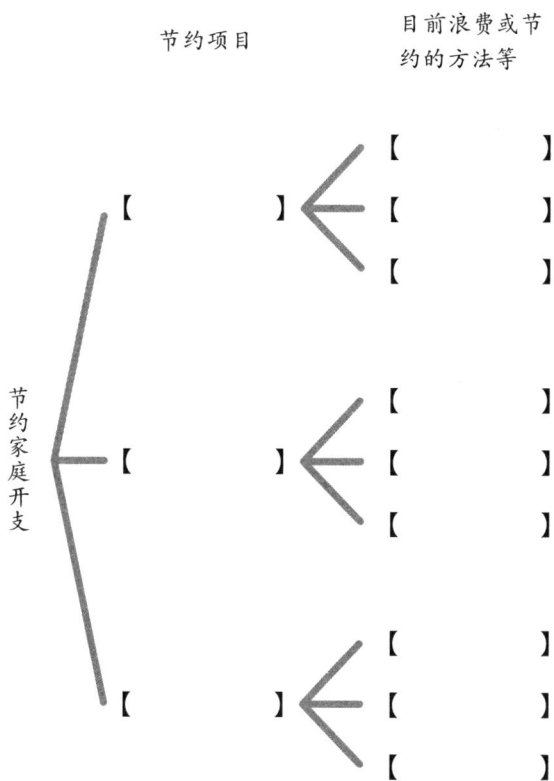

节约项目

目前浪费或节
约的方法等

【　　　　】

【　　　　】　←　【　　　　】

【　　　　】

节
约
家
庭
开
支

【　　　　】

【　　　　】　←　【　　　　】

【　　　　】

【　　　　】

【　　　　】　←　【　　　　】

【　　　　】

利用"块"和"钩"增强记忆

让学习内容带有"情景"的技巧之一，就是熟练运用"块"和"钩"。

所谓"块"就是模块，就是刚刚前面提起过的信息的"集合"。

例如，直接记住"1965091744"很难，但把它分成"1965""0917""144"几块来记就容易多了。

翻译英语中的长句时也是一样，直接从头翻到尾，中间部分会觉得难处理，但如果用关系代词来加以分隔，分成恰当的几块来理解就会容易很多。

无论是谐音还是3-3-3模式的分支图，都可以看作是着力构建"容易理解=易于记"的组块方法。

"钩"就是"钩子"，是关联

比如在回想某位演员名字的时候，"呐，就是在那部电影里出演的""演一个刑警的""个子高高的，很清爽的"等等，和该演员的长相、身形相关的各种属性都会浮现出来，这些都是关联。

容貌、形象、出演的电影、扮演的角色等都是在一个以"名字"为中心的理解网络中，一个个彼此勾连在一起的"钩子"。在"理解"和"关联"的协同效应下，共同构成回想起那位演员名字的线索。

当然，单纯凭音韵来记忆"桶狭间之战"[1]也是可以的。但是，如果再加上这是一部历史上轰轰烈烈的逆转剧；到底是织田信长周密战略的胜利，还是信长运气好？至今尚无定论；名古屋市立桶狭间小学的校徽设计有"玉不磨则无光"的寓意等等附加信息，也就是多些关联来记的话，记忆就会变得深刻，同时也更容易导出。

预习和复习的时机——"明明在课本上看到过的……"

"明明在课本上看到过的……"

孩子在学习或考试中感到委屈时，就是这种时候。但是，看过一次就能记住，那是几乎不可能的，记忆是会消失的。

也许是因为有"导出记忆"一说，让人以为记忆就像是"物体"固定在某处，可以拿进拿出的。而人脑就是那"记忆盒"，可以根据需要随时提取记忆的。

---

1 日本战国时期三大奇袭战之一。——译者注

而事实上，记忆是大脑的一种"状态"。

神经元相互连接并形成网络，记忆的形成正是依赖于神经元之间的连接网络的改变。比如，学习前某神经元比较"平静"，但学习后变得"兴奋"，发放神经信号更加"活跃"——这一机制会参与新记忆的形成。

如果说记忆是一种联系，那么联系的方式是阶段式的。

例如：秋刀鱼、竹荚鱼、金枪鱼。

即使闭上眼睛，文字也会在脑海中保留一阵子。这叫感觉记忆，亦称"瞬时记忆"，它的贮存时间极短，约为几秒到几十秒。

如果有意识地想要记住"秋刀鱼、竹荚鱼、金枪鱼"，就得启动工作记忆暂时保存，形成短期记忆。

虽说短期记忆比感觉记忆存留时间长一些，但也不会是很长久的记忆。

另外，如果工作记忆深度不够，记忆很快就会消失。因为日常记忆的方式就是不断地让大部分无意识的记忆消失，从而不断地自动获得新的记忆。

因此，只有那些因为"注视""回报""情感"等强烈刺激了与工作记忆相关脑区的短期记忆，才会作为中期记忆固定在海马区内。

而这些被留下来的记忆在一个月后也不会再留存在海马区了。

这就是长期记忆的过程。同时，只有重要的、相关的记忆才会被留下，不必要的都会消失，这也可以视作"忘记"的过程。

记忆是会消失的，我们首先要有这个意识。

那些被认为"记忆力好"的人一般都很清楚，学过的知识过了多久会忘记多少，怎样的内容比较容易记住，或是不容易记住。他们对自己的记忆习惯非常了解。

因此，他们会根据自己的遗忘模式，及时、有效地进行复习，这样记忆就会长久，结果就是他们被周围的人夸"记忆力好"。

考察孩子的"遗忘模式"

提高记忆的秘诀之一就是知道自己的"遗忘模式"。

记忆的基本过程是由识记信息、保持信息、回忆和再认信息三个环节组成的。

即"识记""保持""回忆和再认"。我们如果能知道自己不擅长的环节，就可以知道自己的遗忘模式了。

课题34

考察孩子的"遗忘模式"。

脑子里想着自己的孩子，做做下面的选择题吧。如果可以的话，最好能问问孩子自己。

【A】

□汉字和英语单词的拼写不写10遍以上就记不住。

□明明记住了公式，但一旦用起来还是不知道怎么用。

□对方说出三个以上的重要语句时，最初的那个已经忘记了。

【B】

☐第一节课的课堂内容到午休时就忘了。

☐考试一结束，考试内容会立马忘记。

☐刚刚记过的汉字、英语单词中，至少有三个以上完全没有印象。

【C】

☐很努力地学习了，但一到考试就是想不起那些重要内容。

☐核对答案的时候，就会茅塞顿开。

☐对话过程中经常说"这个""那个"等等。

不同遗忘模式下的"预习""复习"要点

【A】【B】【C】全都打钩的孩子
不擅长记忆过程中的"识记"。

中期记忆大约会在9小时之后忘记大部分。当天的课堂内容，也只是在学校学习时还记得，随着时间的推移，会迅速地忘记。

但是，如果在快要忘记的时候予以复习，慢慢地，忘记的量就会减少，掌握的量就会增多。

就在快忘记的时候反复加以"识记"，印象就会深刻起来，"保持""回忆和再认"也会变得轻松。

特别是数学和物理，通过刷题方式的复习就是在发挥"识记"

的功效。

体育运动中，在达到无意识地运动之前都不能说完全掌握了这项运动技能，数学和物理的学习也是类似的。就像篮球中的带球跑一样，经过反复做习题，就会熟能生巧。

勾选了【B】项目的孩子
特别不擅长记忆过程中的"保持"。

当天的课程就算当天复习了，三天下来也会忘记一半。因此，需要适当地去重新记忆，不过，一个月后又会忘记一半以上，于是再复习。只有这样反反复复去记忆，才不会白记，才能有效地巩固记忆。

那些被大家认为"记忆力好"的人，其实是在记忆丧失三四成的时候会及时复习的人。

而且，尽量采用简单的复习办法，因为复习时间太长是很难坚持的。

学习的时候，想办法尽量简化记忆，把那些想要记住的东西整理出条理，这样稍微看一下就可以达到复习的目的。学习计划图看似简单，但是能发挥很大的作用。

勾选了【A】和【C】项目的孩子
不擅长记忆过程中的"回忆和再认"。

结合遗忘模式，我们最好是在上课的前一天预习。这样，上课时刚好可以回忆起来。复习也是一样，不擅长"回忆和再认"的人，要尽可能早地，最好是在学习后马上复习，这很重要。

在课堂上，把课堂情形化作影像进行关联也是提高记忆力的方法之一。"啊，这是课本里有的"等等，只要稍微意识到自己的心理活动，课程就很容易情景化，达到很好的复习效果。

另外，后面也会详细说明，对老师的讲解频频点头也很重要。即使暂时不太明白老师讲的内容，大脑也会因为你频频点头而增强记忆。点头还可以避免打瞌睡。

还有，下课时闭上双眼，进行简单的默记复习，也是一种强大的记忆力提升法。

然后在之后快忘记的时候复习几遍。复习的时候，一边想象上课时的情形和老师讲的内容，一边"回忆和再认"，然后再进行"识记"，效果会非常好。

分阶段把学过的知识进行回忆、再认和再识记，这就是提高记忆效率的诀窍。

何谓复习的"最佳时机"？

了解了孩子的遗忘模式之后，就该知道复习的时机了。前面已经按照类型的不同，将复习时间分为"快要忘记的时候""忘记了三四成的时候""最好学习之后马上"等等。

那么接下来，我们就具体谈谈能让复习效果发挥到极致的最佳时机。

下面这个实验说明了复习的重要性。

实验中有7分钟的单词学习。被试者分成两组，一组为重复"学习两次"组，一组为"学习一次测验一次"组，分别在学习后5分钟、两天、一周时进行测验。结果是，"学习两次"组仅在学完后的即刻测试中成绩不错，5天后（两天后）和一周后的测试成绩都不如"学习一次测试一次"组的好。

学习当然很重要，但是问题解决之后使用工作记忆也是很重要的。学完之后立刻在头脑中再进行一次解答（复习）就会对知识进行回忆和再认，从而增进记忆的巩固。

学完之后即刻启动工作记忆，这就是复习的诀窍。

学习"即刻后"和"十二小时后"

一年365天，如果我们能不断地回忆和再认，即使不喜欢，记忆也能长久，谁都不会辛苦。但总是没有这样的时间，所以相比较而言，复习的时机就显得很重要了。

复习的时机之一是"刚学完时"。学后马上回忆和再认，做具体的成像。

复习的时机之二是我在序言中提到过的"学完12小时后"。如前所述，老鼠的实验报告显示，学完12小时后进行复习会增强记忆。

单词学习实验

▶ 学习二次组

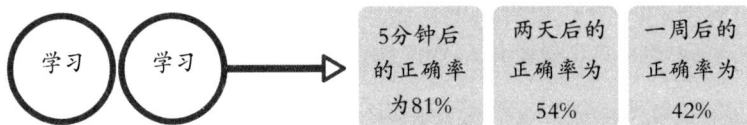

▶ 学习一次组

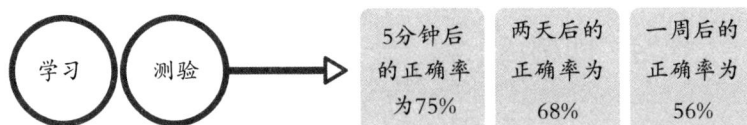

　　这项实验结果表明，从在家中预习，复习到在学校上课，大概就是12小时的间隔，的确非常合乎情理。

"6的倍数日"复习！

假设当天的上课内容在30天后进行测验。如果我们能在这30天内每天回忆和再认，反复复习，那效果一定是最理想的。但如果实在抽不出时间，至少能复习一次也是好的，这样的情况并不在少数。

那么，什么时候才是复习的最佳时机呢？

首先，我们来看下面的实验结果。这是一个确定最佳复习时机的实验，从实验中得到的最佳复习时机是：

（学习到复习的时间间隔：期间1）÷（复习到考试的时间间隔：期间2）= 0.1—0.3

复习的最佳时机试验

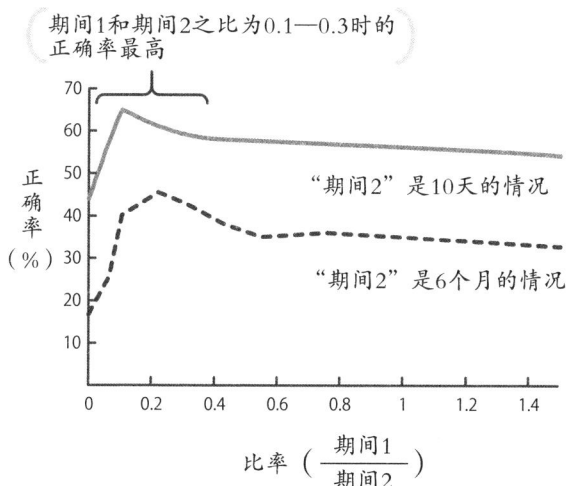

期间1和期间2之比为0.1—0.3时的正确率最高

"期间2"是10天的情况

"期间2"是6个月的情况

正确率（%）

比率（期间1/期间2）

为方便起见，我们把比例设为1/5，就是说从学习到复习的时间和到考试的时间比为1：5。也就是说，从学习到考试的时间段除以6得出的就是最佳复习时机。

如果考核（测验等）时间是在60天后，那么今天的学习内容在第10天复习是最好的，大概就是在学完后的一周左右。如果考核时间是第12个月，最佳复习时间就是两个月后。

与这个复习时机相似的是学校的考试周期。

期中或期末考试一般都设在学期开始后的第50到60天左右。考虑到记忆的有效性，以期中和期末的考试时间为目标，我们可以在学后的下一周或下下周安排复习，并且在考试后再认真复习一次。这就是最好的学习周期。

虽然最近学校教育饱受质疑，但学校的学习周期的确是经过验证的高效率的日程安排。忽视学校的授课，一味地把希望寄托在补习班和居家学习，真的是浪费了时间又得不偿失。

此外，学校的课程学习系统是一个循序渐进的系统，非常有助于孩子们工作记忆的培养，说不定还是史上最强的。忘了这一点，把学校逼到绝境，把教师逼到绝境，结果就是自己勒紧了自己的脖子。

也就是说，复习的时机之三，是"学校的学习周期"。

抛开学生时代的事情不谈，把学校学习周期的复习机制应用在现实社会中也是非常有效的。学过的东西在第二周或第三周以复习的方式加以重温，工作记忆就会处于最佳的工作状态，效率也会更高。

利用这个规律，我们还可以计算出第二、第三次的复习时机。

如果目标是60天，60÷6=10，首先安排10天后进行第一次复习，剩下的50天除以6的日子就是下一个复习时机，大约在8天后。

"碎片时间"的利用法

推荐"碎片学习"进行复习。

上学路上。

上课前的短暂空余时间。

课间休息时间。

午休时间。

在家洗澡、上厕所、电视广告等时间。

睡前的一小段时间。

可利用这些"碎片时间"，契合记忆快消失的时机进行复习。

虽说人只有15分钟的注意力集中时间，但仍然可以有效利用这些碎片时间来进行复习。特别是对于社团活动和学习两不误的孩子来说，这可是非常有效的方法。

孩子可以重新审视一下自己的生活模式，看看自己一天中有多少碎片时间是可以利用起来的。

课题35

这是帮助孩子把握自己的碎片时间的一览表，

请让孩子自己填写。

【碎片时间】

上学路上　　　　　　　　　　　（　　　）分钟

开课前　　　　　　　　　　　　（　　　）分钟

休息时间　　　　　　　　　　　（　　　）分钟

午休时间　　　　　　　　　　　（　　　）分钟

在家　　　　　　　　　　　　　（　　　）分钟

睡前　　　　　　　　　　　　　（　　　）分钟

其他　　　　　　　　　　　　　（　　　）分钟

一天的碎片时间合计　　　　　　（　　　）分钟

预习、复习是极其重要的。

其中，最关键的当然还是在学校课堂上认真听讲，然后预习、复习时仔细确认学习内容，用心学习。

这样一来，多巴胺神经元就会活跃起来，从而促进记忆的巩固。

不管怎么说，反复地预习、听讲、复习，这才是打造"学习脑"的理想循环状态。

即刻见效！记忆力提升法——点头效应

由于工作关系，我经常在全国各地演讲。演讲时，我恳请听讲的各位频频"点头"示意。

即使演讲中出现不太懂的词句，或者有点犯困，也请一定点头示意表示。

我想大家体验过后多少都会有些明白。我们在面对面听对方说话的时候，也是不时地点头称是，这样能更好地记住对方说的内容。

实际的实验结果也证明了点头和记忆的相关性。

所以，课堂上就算对老师的讲解不是太明白，也可以先点头附和，授课内容会更容易留在记忆中。

居家学习也是一样，试试一边学习一边点头，如果能发出"嗯嗯"的应和声效果会更佳。

大脑记不住"不走心的记忆"

点头称是是一种感动，或许大家都知道，感动会给大脑提供养分。

大脑不擅长非理解下的死记硬背，也不擅长不走心的死记硬背。

我之前讲过，记忆是自动不断获取的，几乎所有不被意识的记忆都会被遗忘，短期记忆中，只有那些与"注视""回报""情感"等相关的记忆，才会作为长期记忆固定在海马。

其中与"情感"相关的是杏仁核和纹状体。

杏仁核靠近海马，是大脑中的"恐惧中枢"，对判断危险信号起关键作用，并与海马形成联动记忆。

只要是生物，都会有这样的认知，如果记不住吃了之后会引起不适的东西，以及不适的身体状况，最坏的情况就是死去。

相反，如果我们不记得如何安全地找到食物，记不住食物的美味，就会减少获得食物的概率。

纹状体则与干劲和意欲有关，会将"无意识的行为"和"快感"联系起来，始于腹侧被盖区的多巴胺神经元一旦进入腹侧纹状体的伏隔核中，某种行为就会被强化。

对人类来说，生物学的价值判断中好恶占了很大比例。此外，令杏仁核兴奋的事情打开了通往海马的信息大门后，记忆效率就会提高。

因此，特别喜欢的或是特别讨厌的事，都会深深地留在我们的记忆中。

于是，想要留下深刻记忆，就得对这想要记住的事情有所"感触"才行，比如兴致勃勃，且深信"三角函数帅呆了！""运动规律美得不像话！"

就算勉强，也要让"现在，我在学着了不起的知识！"的信念慢慢刻进自己的记忆中。

提高记忆的秘诀就是带着感慨去记忆。一边感叹着，一边怀着激动的心情去思考，这是很重要的。

另外，在前面我还写到过"记忆"就是"理解"。

充分理解，把理解了的内容像故事一样串联起来，就容易被这个故事打动。学问既是知识体系，也是基于不断发现的感动体系。

透彻的理解加上求学时各种感慨的二次体验，杏仁核就会活跃起来，海马中的记忆也会得以巩固。

有所感地去理解想要记住的内容，就会引发越来越多的感触，记忆的效率也会提高，同时会伴有"快感"。

这就是沉迷学习、痴迷学习的本质，是理解世界所带来的快感。

课题36

请想象一下您一边有所感一边点头的场景。

接下来，让我们一边看书一边实践吧。

记忆的不同类型

容易被什么打动，会如何去理解，往往因人而异。

- **"听觉派"：对听觉信息更容易理解，更容易被打动。**
- **"视觉派"：对视觉信息更容易理解，更容易被打动。**
- **"身体感觉派"：亲身体验后更容易理解，容易将感觉和感动结合起来。**

对于听觉派的孩子，推荐使用语言"抑扬顿挫"的感动效果。

同样的"镰仓幕府"四个字，平平淡淡地说"镰仓幕府"和抑扬顿挫地有角色感地说出"镰仓幕府"的记忆效果是完全不同的。

一般情况下，语言的理解是在左脑的韦尼克区进行的，但是伴随有感情的抑扬顿挫时，右脑的韦尼克同源区也会活动起来。听觉派的孩子可以好好地利用这一点。

对于这种类型的孩子来说，简单的声音的重复（音韵循环）也很有用。掌握语言的方法之一就有"不停地听"，就是同样的道理。

另外，用耳朵听他人的归纳总结也会有意想不到的效果，这样一来，学校的教学活动可以说是非常用心的宝库了。

当然这些方法对视觉派、身体感觉派的孩子也是同样有效的，都可以用。

对视觉派孩子来说，"图像记忆"是促进记忆强化的关键。

据说我们的大脑会用70%的精力处理来自视觉的信息。因为人类是绝对的视觉优先的动物，所以对于大部分人来说有效利用视觉信息是强化记忆的关键，尤其是视觉派的人。

为了记住照片中的细节，我们会采用不停按下快门的连拍感觉去记忆，这正是符合视觉派人大脑系统的记忆法。另外，我们在整理笔记时多用图表，也是适合视觉派的总结方式。

此外，如果以视频图像的形式存储记忆，情景缓冲区也会启动工作，从而使工作记忆更加深入。视频图像记忆法特别适合视觉派，同时也推荐给所有记忆模式的人。

对于身体感觉派的孩子来说，让他们在记忆的同时进行身体动作，或者一边赋予某种节奏一边记忆，效果会更好。

比如学历史的时候，可以把自己想象成那个历史人物，反复地进行身体感觉；学数学和物理的时候，可以默念视线移动和触摸的感觉。

充满热情地用身体去记忆，理解也会变得容易起来。

另外，学习时是主管记忆的大脑学习中枢神经在起作用，而运动时主管身体运动的则是大脑运动中枢神经，这对所有的孩子来说都是一样的。

因此，在学习的间隙做做简单的体操，可以刺激大脑的不同部位，促进记忆。当然，适度的运动对学习过程中的心情调节也是有效的。

"东大生的笔记"果然棒！

当《东大录取生的笔记本非常美》一书成为热门时，富士电视台的"特讯"专栏委托我做了一个关于"东大生记笔记时的脑活动状态"的调查。

于是，该书中介绍过的一位东大研究生来到了我所在的诹访东京理科大学（长野县茅野市）实验室。

同时，我们请了几位英语补习班的老师来上了几堂不同内容的英语课。

一、像平常一样"漂亮""认真"地记笔记时。

二、漫不经心地抄写板书时。

三、一边思考一边用电脑记笔记时。

我们用近红外光谱仪（NIRS）观察了以上三种情况下该生的大脑活动情况。

结果一目了然。写出"漂亮笔记"时的大脑最活跃，在板书的基础之上记录老师的口授内容的情况"一"时，大脑中负责理解和记忆的部位全都被激活了。这表明该生是一边在脑子里记着授课内容一边做着笔记的。

只是抄写板书的情况"二"时，除了负责理解的部位以外，大脑的其他部位几乎都不太活跃，该生虽然理解了课程内容，但是很难在记忆中留下。

将板书和老师的口头说明用电脑进行记录的情况"三"时，该生虽然像平常一样是有意识地按记笔记的要领在做，但是他的大脑整体并没有出现活化的现象。这是一种能轻松记笔记的状态，但并非理解和记忆中的大脑状态。

经过仔细观察，情况"一"和"二"时的脑活动的相同之处在于白洛嘉区和韦尔尼克区的活动。

白洛嘉区是位于大脑右前区的清晰言语区，是与语言的语法组织、语言的发出有关的语言中枢。韦尔尼克区是专司耳朵听到语音的理解功能的中枢部分。情况"三"时，虽然大脑的整体活动没有被激发，但白洛嘉区和韦尔尼克区有微弱的活动。

记笔记的时候，语句会在大脑中不断重复，白洛嘉区和韦尔尼克区也就自然联动起来了。

从该实验可以看出，记笔记的背后是内心中话语的反复。"记笔记"不仅仅是对授课内容的理解，它对促进记忆也起着很大的作用。

促进工作记忆"深度"处理的笔记术

做出"漂亮的笔记"时的大脑活动特征之一是白洛嘉区与韦尔尼克区的共同联动。

另外，额叶联合区的活动也是特征之一。这里涉及空间位置关系的把握和输出，以及被动注意和工作记忆的处理。

也就是说，在记出"漂亮的笔记"的时候，孩子是一边在心里重复着老师的讲话和板书内容，一边考虑着笔记本上文字排列的平衡、纸面空间的配置等，以使笔记清晰易懂。这比漫不经心地随便记录和用电脑记笔记时更能刺激前额叶背外侧部，从而在工作记忆中实现"深度"处理。这样，学习内容也会更深地留在记忆中。

通俗易懂地表达。

努力使表达简单易懂。

一边这样想着一边用脑。

这些都将促进工作记忆的深度处理以及记忆的巩固，当然对内容的理解也会加深。除了板书之外，同时还要留意老师的说明和发现自己的疑点等等，并力求用"言简意赅的方式表达"。这就是提高记忆力的笔记术。

课题37

请看看您孩子的笔记本。

如果笔记记得乱七八糟，记忆的巩固中一定是有缺失的。

闭上眼睛记忆就会增强

记点什么，然后闭上眼睛默想一下。

不必刻意去记或者不记，只需在脑子里过一遍就可以了。这也会对工作记忆产生刺激。另外，闭眼的那一段时间里，不会产生其他信息对记忆的干扰，有利于记忆的巩固。

如果能让孩子养成在听课的最后，预习或复习之后闭上眼睛回想一下刚刚学过的内容的习惯是最好的。

睡觉去！

睡眠对于注意力和干劲的作用不可小窥，对记忆也是非常重要的。

我想谁都有因为睡眠不足而记性不好的经历。实际的研究也证明，"充足睡眠下的记忆测试结果更好""睡眠中也在进行推理活动""技能的掌握离不开睡眠"等等，这些都暗示了睡眠对记忆的影响，尤其重要的是非快速眼动睡眠。因为这种深度睡眠状态意味着良好的睡眠，对巩固记忆是不可缺少的。

如果睡眠较浅、睡眠时间不规律，多会造成多巴胺、血清素、皮质醇等荷尔蒙分泌的节奏紊乱，频繁出现意愿下降、额叶活化困难等妨碍记忆的状况。当然，睡眠不足造成的过度疲劳也会降低大脑活力。

因此，在考虑"学习"的时候，有必要考虑其中的重要一环——睡眠。稳定的睡眠时间不仅让身体得到休息，也有助于大脑记忆，提升注意力和干劲。

第 5 章

孩子开始"达成目标"！

——基于脑科学的成功的"未来记忆"创造法&"胜负力"锻炼法

打造金牌得主的"胜负脑"！

您听说过"胜负脑"吗？

在2008年的北京奥运会上，日本游泳运动员北岛康介再次获得100米和200米蛙泳金牌，创造了日本选手连续两届奥运会夺得同一项目两枚金牌的历史。赛后，北岛针对如何能够发挥实力，提出了"胜负脑"的概念，由此引发了社会的广泛关注。

那么，什么是"胜负脑"呢？

"胜负脑"出自专门从事脑神经外科研究的日本大学研究生院的林成之教授，是为支撑起超常发挥的心理所需的"大脑"方法论。

林教授给北岛的建议是："比赛不是为了别人，而是为了自己，如果你不这样理解胜负，你就不可能将你的全部能力发挥出来。"这种思维方式被称为"胜负脑"。

北京奥运会前，包括北岛选手在内的日本奥运游泳队员都接受了林成之教授的"胜负脑"讲演，著名伯乐平井教练也对该讲演给予了高度评价。

关于如何更好地发挥"胜负脑"，林教授给出了以下关键点。

- 不是想着战胜对手，而是坚决刷新自己的纪录。
- 时常意识到要拿出高于自己最好成绩三成的力量。
- 不使用"累了""辛苦了"之类的否定性词语。
- 状态好的时候不休息，积极地坚持下去。
- 到最后都不认为"赢了"。
- 试想着自己与泳池融为一体，创造自己的世界。

这些提示，都是打造强大"胜负脑"的方法论，同时也是与打造意志坚强、不断学习的"学习脑"相通的。

也可以说这是一种为了以最好的形式展现学习成效的心理。

甚至可以说这是一种促使额叶持续活化的技巧也不为过。

能力提高……

如果我们能爱上学习、迷上学习，就可以在短时间内提高能力，也许还能超能力发挥，为目标的达成奠定基础。

爱上学习，的确会让你的表现更好。但如果只是一时兴起，那就跟耍了一次小聪明一样，一次性到此结束。

"胜负脑"的胜负既意味着在竞争中获胜，也意味着让实力不断提高。

当超少子化和老龄化时代来临，而所有人的能力都无法提升，我们的社会将无法维系下去。我那个年代有180万个左右的孩子，如果其中有10万聪明人引领了这个世界，社会也勉强维持了下来，哪怕人口在不断地增加。

但是现在只有100万或120万个孩子，却不得不承担我们这一代人同样的责任，那么就必须不断提高每一个孩子的能力，这是明摆着的、很现实的问题。

孩子要想以强烈的意志不断地爱好学习，并将学习结果以最好的形式体现出来，就必须注意均衡。

为此，如果没有像"胜负脑"这样健全的、正当的学习动机予以支撑，我认为是不可能实现的。

再次感受到这一点的是接下来要介绍给大家的实验结果。

"终点还远着呢！加油！"

人在感觉到"终点已近"时，就会无意识地懈怠。在发挥"胜负脑"的要点中，就有"到最后都不要认为赢了""时常意识到要拿出高于自己最好成绩三成的力量"等，这些都说明了这一点。

如果把意识中的终点设定得比实际终点更远一些，就可以杜绝终点前的减速，增加胜算其中就包含着这层意思。

NHK电视台的《现代特写》节目中，有人问到能否通过脑测实验，让观众切实了解到"把目标设定得远一些更有效"。

于是，在主动要求参与实验的林教授和大家的帮助下，实施了如下测试。

实验中使用了奥林巴斯的驾驶视觉，这是一个评估汽车驾驶员视觉反应能力的系统。

在这个具有游戏感的系统中，利用巨大的触摸显示屏来测试汽车驾驶所需的视觉反应能力（例如视野范围），要求被试者能快速触摸显示屏上各处出现的白色圆圈，根据其反应时间和位置判断的准确性来确定是否得分。

先让被试者进行两次时长一分钟的游戏，根据得分设定下一次的目标。

例如，如果第一次得分560分，第二次580分，则下一次的目标就设定为600分。有6次机会挑战这个目标。每次到40秒的时候，会根据目标的达成度对被试者喊话。

假定最终目标是600分，到40秒大致得分500分时，会提醒被试者。不足500分的，喊话"离目标还远哦"，达到500分的，喊话"离目标很近了哦"。

"现在得分450分，离目标还远哦。"

"现在得分520分，离目标很近了哦。"

而实际上，与被试者当时的得分并无关系，只是随便说说而已。然后，我们比较了不同模式下的大脑活动状态。

通关结果完全出乎意料。结果是，当大脑听到"离目标还远哦"时，变得更加活跃。被激活的是额叶和前额联合区，尤其是前额联合区。

在这个实验中，我们需要在空间上了解显示屏上白圈的位置，并且要朝着那个位置点击。与之相关的是大脑左右前额联合区，当听到"离目标还远哦"时干劲更足，反应在大脑的相应部位显示为活跃状态。

另外，在林教授的解释中，对"目标"的认识本身就具有"空间认知"的。

也就是说，当我们听到"离目标还远哦"时，人的目标意识会增强，其结果就是铆足劲儿，勇往直前。

不管怎么说，从这个实验结果来看，当接近终点时，如果认为"还远着呢"，大脑就会继续活化。因此，我认为，通过把意识上的目标设定得更远，能力也是会得到进一步提高的。

课题38

给孩子讲一讲《徒然草》[1]第109段的"高明爬树"的故事吧。

---

1 《徒然草》成书于日本南北朝时期（1336—1392年），作者名叫吉田兼好，书名依日文原意为"无聊赖"，也可译为"排忧遣闷录"。全书共243段，由互不连贯、长短不一的片段组成，有杂感、评论、带有寓意的小故事，还包括社会各阶层人物的记录。《徒然草》在日本长期作为古典文学的入门读本，与清少纳言的《枕草子》和鸭长明的《方丈记》同被誉为日本三大随笔。——译者注

没有"目标意识"，就没有意义！

在林教授演讲的关于发挥"胜负脑"的几个要点中，据说北岛选手特别注意的有两点。

其中一个是"以打破自己的最好成绩为目标"。

打破纪录是实际的目标，超常发挥三成能力、超越过去的自己是意识上的目标，在实现两个项目两连冠的伟大成绩的背后，正是冲着这两个目标而作的努力。

如果定期考试、模拟考试、入学考试是"实际的目标"，那么积极而认真学习的动机就是"意识上的目标"，是支撑着"实际目标"的"意识上的目标"。

也就是说，即使设定了"实际的目标"，如果不能将这个目标意识化，孩子们的能力也是得不到提高的。

目标让人产生"潜在意识"！

在NHK电视台的实验中，还发生了另外一件有趣的事。

事先是否进行了目标协商（关于定目标的讨论），对被试者的脑活动也有一定影响。

实验设定的目标值是以前期得分为基础的，如果第一次得了560分，第二次580分，那么下一次的目标就是600分。设定一个有一定难度但努力就能实现的得分为具体目标，这是与被试者共同商量，在达成一致的基础上设定的。

显然，这个目标的协商过程很重要。

在这次实验过程中，设计者忘了跟其中的一位被试者商定目标。于是，在这位被试者的实验中，虽然他能理解我方意图，但是在喊话"离终点还远哦"或"离终点很近了哦"所带来的脑活动中并没有表现出明显的差异。也许是因为在这位被试者的脑海中并没有形成"意识目标"的缘故吧。

商讨目标的重要性，将目标意识化的必要性，不经意间就凸显出来了。

本书的开头，我说过这样一句话："表扬、等待。这是为父母的基本。"既然孩子是访客，父母能做的，就是以下三点：

- **什么都不做**。
- **说无关紧要的话**。
- **见什么夸什么**。

就这么盯着、守着，等着孩子动心的瞬间。

但是，如果只是单纯等着孩子"有想学的心思"，那是什么事情都不会发生的。

所以有必要商讨目标。

跟孩子一起商量目标定在哪里，目标是什么。

然后，为了让孩子意识到自己设定的目标，不时地直接或间接地进行督促。

设定一个让孩子有动力的目标

在考虑目标的设定和目标的意识化时，可以参考的方法就是前面提到过的"焦点解决短期疗法"。

我在研究大脑活动的同时，常年担任大学的学生咨询室室长一职，心理咨询工作依靠的就是短期疗法的思考方式和方法。

短期疗法有多种模式，"焦点解决短期疗法"就是其中之一，是由德·谢瑟、茵素·金·柏格等人提出的短期心理治疗技术。

有助于目标达成的"焦点解决短期疗法"

不要把重点放在寻找产生问题的原因上，因为即使找到了原因，也未必一定能将其消除。况且原因和结果的关系很难确定，问题往往是互动下的产物。

就算我们能够确定最初的原因，也有可能因为改变了它，反而让事态变得更加复杂，最终导致问题无法解决。

那就把重点放在解决问题上，寻找一切有利于问题解决的手段。我们可以事先具体地描绘问题解决后的情形，再去实现解决的过程，通过将解决方案具体化，产生高效的变化。

这就是"焦点解决"。

在"焦点解决"模式中，重要的是"评估"咨询者和治疗师之间的关系。治疗师时刻都在判断面前的咨询者是"访客""投诉人"还是"客户"。

如果确定是"访客"或"投诉人"，应尽量避免给予对方建议。因为就算你诚心提出"那样做比较好""这样做比较好"等提案也是没有用的，还有可能导致事态恶化。

另一方面，如果咨询者是"客户"，则有必要在寻找咨询者所有资源的同时设置目标，然后将目标具体化，例如设定一个到下一次见面前需要完成的课题。

在"焦点解决"模式中，目标设置和目标协商本身就被认为是具有治疗性的。

目标有"好"有"差"！

因为孩子和你基本上是访客关系，所以孩子也几乎不会接受父母的建议。不过，您可以这样跟孩子进行对话。

孩子：下次语文要是考得好，给我买一个××吧。

母亲：考得好，那是考多少分呀？

孩子：70分左右……

母亲：70分啊，上次就考了65分的吧？

孩子：那，75分。

母亲：好的，那加油哦！游戏就暂时别玩了吧。

孩子：考试结束前不玩游戏。

母亲：真的吗？想玩游戏了怎么办？

孩子：嗯……我给女同桌打电话，让她督促我，不许我玩游戏。

这里想要告诉大家的是，将目标设定为"具体的"和"肯定的"是非常重要的，也是"焦点解决"模式中的目标设定的重点。在此，先列举几个要点。

目标中有"好的目标"和"不好的目标"的区别。

比如，"变漂亮"和"瘦下来"，这两个目标都不能说是好的目标，"学得好""考出好成绩"也不能算是好目标。

因为怎样算是"漂亮了"？"瘦了"？怎样的状态是"学得好"？多少分是"好成绩"？都不够明确，凭什么来判断"变化"的结果呢？不清楚这一点就无法评价目标是否达成。

没有评价方法，就无法获得成就感，沉迷回路也无法启动。同样的，父母没有评价标准，也就找不到表扬的点。

如果目标定为"学得好"，显然是没有办法来进行评价的。但如果是"记住教科书中江户初期的文化""学完这两页"之类的目标，就可以通过是否完成任务来进行简单的评价。

"考出好成绩"的目标也是无法给出评价的，但如果目标是"下次语文考试考过75分"，结果就显而易见，评价也就简单了。

达到了，父母就可以夸奖说"真好，达到目标了"。

如果可以简单地进行评估，那么在达到这一目标时，多巴胺神经元就会发挥作用，进一步强化学习行为。

孩子获得成就感，父母也知道表扬的点，结果就是孩子干劲回路的目标就不再是抽象的，而是具体的，是可以予以评价的形式。

顺便说一下，虽然不能对"变漂亮"这一目标进行评价，但如果是"不出门也要擦粉底涂口红""晚上彻底洗脸""一边刷牙一边对着镜子练习微笑"，就可以对做了或是没做进行清楚的判定。

是不是"瘦了"，这个目标看上去很明确，但到底瘦了多少斤才算"瘦了"也是不清楚的。

如果目标调整为"一个月后，体重比现在减轻1公斤""3周后腰围小5厘米"或者"完成核心律动一周计划"，立即就能判断是做到了还是没有做到。

相关的还有以戒酒为目标的情况，"戒酒"并不是一个很好的目标。

因为就算有3天没有喝酒，也并不意味着真的"戒酒"了。确切地说，"戒酒"是一个没有终点的目标。

不妨把目标改为每天都能进行评价的"今天不喝酒"，倒不失为一个"很好的目标"。实际上在酒精依赖症的戒酒组织里，就是以每天不喝酒作为目标，推荐酒精依赖症者为每一天的戒酒成功而高兴的。

用肯定的语言表述目标

"好的目标"的认定标准是"具体化""可评价"，再加上"肯定式"。

以刚才的戒酒为例，如果用"不喝酒"这样的"否定式"表述目标，只要划分时间期限也是可以进行是否达成评价的。

但如果改用"肯定式"，比如"想喝酒时就喝水""轻拍脸颊"等，评价起来会更轻松。因为你能清楚地判断有没有去做，是不是做到了。

"考试结束前不玩游戏"也不是一个很好的目标。目标最好用肯定的语言来表述，比如"想玩游戏时就做仰卧起坐""实在想玩游戏了，就打电话给女同学（男同学），让她（他）督促自己说'不许玩游戏'"等等。

课题39

您孩子当前有学习目标吗？

您知道是什么目标吗？

全心全意朝着目标前进！

制定了具体化的、肯定式的"好的目标"，可以接着问孩子"既然有了目标，再具体说说内容是怎样的呢？"刚才母子之间的对话虽然有些生硬，但也算是在母亲的诱导下把孩子差强人意的目标变成了一个好的目标的案例吧。

当孩子说"下次语文考试考得好的话，给我买个××吧"，我们往往会接着说"等真的考好了再说"，如果此时再反问一句"考得好，具体是多少分呢？""75分"这个具体的分数就会从孩子的嘴里说出来了。

在"不玩游戏"这种否定式的目标表述下，也可以继续问上一句"想玩游戏了怎么办？"于是，"让女同学……"这样的肯定的积极的行为也就出来了。

孩子就是我们的顾客，顾客目标不甚明确时，我们有必要继续追问。

比如，如果孩子说"今年要努力学习"，你就可以继续如下这般追问，直到设定出一个具体的近在咫尺的目标。

"努力学习之后，会有什么变化呢？"

"具体想象一下努力学习的自己，会和现在的自己有什么不一样呢？"

"'努力学习'，具体一点说呢？"

"那样的话怎么做呢？"

如果目标明确，又有具体的行为表现，表述形式也是肯定式的，而且是可评价的，那么孩子的这个目标就容易实现。

这样一来，有助于目标实现的资源也会进入孩子的视野。

或者，孩子自己可能也会意识到已经接近那个目标了。

总之，将目标具体化就是在提高目标实现的可能性。

如此这般，共同商定目标即提高了孩子的积极性，也提高了他们的能力，并引导着他们去实现目标。

课题40

如果您的孩子没有设定当前的学习目标，请和孩子一起商定。

请耐心地、仔细地一步步问下去，使之具体到马上就能开始实施的程度。

孩子的大脑会形成"未来记忆"

请一定为目标染上"积极的色彩"。

脑科学理论认为，所谓"预计"和"规划"都带有"与未来相关的记忆"的含义，表现为"展望的记忆"和"预期的记忆"。

我们通常把"明天去看电影吧"归入到"计划"或者"约定"一类。再仔细地感受一下这种情况，如果心里想着"明天去看电影"并留在记忆里的话，那已经完全是"关于未来的记忆"了。也就是说，想象着明天、一年后、十年后的时候，都是处在规划未来记忆的状态中。

从这个意义上说，"自己的大脑，现在，正在描绘着自己的未来"。

这本是理所当然的事，没有必要特意点出"未来"和"记忆"，但我想说的是，记忆有可能会左右想象中的未来。

例如，将"在本次的定期考试中考进年级前50名"作为自己的目标。这虽然是一个积极向上的目标，但如果附加了消极色彩，就有可能发展为如下事态。

【消极色彩】

目标为"在本次的定期考试中考进年级前50名"。

过去的记忆：

"上次没能达成目标真惨啊。"

"父母也很失望啊。"

"如果这次又不行怎么办？"

此时，目标已经染上了过去的消极色彩。

每当想起目标……脑子里就会重复：

"上次没能达成目标真惨啊。"

"父母也很失望啊。"

"如果这次又不行怎么办？"

于是，每次想到目标，就会连着过去的消极色彩一起回忆起来，这和想起过去不开心的往事时的心情没什么两样，所以我不认为这样会增加学习的干劲。

无论多么积极的目标，如果染上了消极的色彩，就会提不起干劲。

创造玫瑰色的未来。

所以，想要定出一个想起来就会令人心情愉悦的积极目标，就必须将"未来记忆"描绘成一种美好的感觉。在内心中描绘目标达成时的情景，将未来记忆染成玫瑰色。

【积极色彩】

目标为"在本次的定期考试中考进年级前50名"。

未来的记忆：

"要是进了前五十，在得知结果的瞬间一定会非常高兴吧。"

"达成目标时的成就感一定是非常棒的。"

"目标达成的话，父母一定会对我大加赞赏的。""要是进了前五十，同学们也一定会夸我厉害的，一定会对我另眼相待。"

这个时候，目标有了未来的积极色彩，每当想起这个目标……

"达成目标时的成就感一定是非常棒的。"

"目标达成的话，父母一定会对我大加赞赏的。"

如果是积极色彩的目标，每当想起时，完成目标时的喜悦感、成就感、被表扬时的骄傲和快乐就会一起出现。这时，孩子就会迸发出学习的热情。

课题41

前面写到过，父母的"大脑习性"有时也会遗传给孩子。您是能设定"积极色彩"目标的类型吗？

如果有"消极色彩"的倾向，请试着训练一下让未来的记忆变成玫瑰色吧。

请具体设定一个带有"积极色彩"的目标。

这是一种类似于"奇迹问答"[1]的方法。奇迹问答是"焦点解决短期疗法"中既得的例行程序。它假定一切问题已经得到解决，以寻访问题解决后的世界为目的。

当心中充满困惑的时候，最大的障碍莫过于"无法想象未来"。即使能想象，如果有不愉快的记忆的干扰，也往往是被过往束缚的，前景暗淡的未来。

当问题解决之后，具体会发生什么呢？

怎样才能解决问题呢？

希望得到什么结果呢？

用这种"假设"的方式来进行思考，对额叶来说是非常刺激的。

"制订第二天的学习计划时要精神饱满""对不擅长的科目，可以将快乐的事关联起来考虑"等等，这些都和设定积极色彩目标是同一概念。

幻想着所有目标均已达成，要以这样的心情来设定目标，就像快乐的往事回忆会成为动力一样，玫瑰色的未来记忆也会成为达成目标的动力。

---

1 奇迹问答：

"假定今晚会发生奇迹，就在您睡着的时候，您所担忧的一切问题全部得到了解决。"

"但是，因为您睡着了，所以并不知道奇迹的发生。"

"第二天早上，您会在什么事情上发觉奇迹的发生呢？"

"或者，您周围的人会从您身上的何处发现奇迹的发生呢？"

——作者注

越努力大脑越有活力！

大脑灵活，表现优秀，成绩提高。

我们往往会以此作为目标，同时要求孩子也能够做到。当然，这并没有错。确定目标，不懈努力，尽可能达成目标的这一过程是非常美妙的。

其实，孩子大脑最活跃的时候，并不是在做成某事的时候，而是在做不成的时候，是一筹莫展、无限困惑的时候。正是在这种时候，他们的大脑特别活跃。

如果您支持孩子达成目标，希望学习的结果以最好的形式表现出来，那么，在他们做不到而挣扎着的时候多多赞许他们、理解他们。

这样，将行动与快感联系起来的纹状体就会发挥作用，孩子的干劲就会迸发出来。

喜欢成长的自己以及成长过程中的挣扎，这对父母和孩子来说都是必要的。

课题42

如果您的孩子在学习上很纠结，请用焦点解决的理念去表扬他、赞许他。"那么辛苦还不放弃学习，太厉害了！"

甘于平凡？还是进入一流？

无论怎么挣扎和苦战，可塑的大脑迟早会自动完成额叶的镇静化，而这种额叶的镇静化才真正是提高孩子成绩时的目的之所在。只是这里存在着凡人和精英的分界线，被称为精英的人，即便是对于自己已经熟练掌握的技能也会全力以赴，让额叶更加活化。例如，"闪存心算"日本第一的大学生就是这样。这是本人受NHK电视台的《早安·生活》节目组的委托，调查该大学生的脑活动时了解到的。

先行研究中有关于人在打算盘时的大脑活动情况的文献，据说还不习惯或是还不熟练的人在打算盘的时候会激活额叶，尤其是四十六区[1]和十区[2]。

而越是熟练的人的这些脑区越是镇静，相反，纹状体会活跃起来。

这就是熟练和不熟练的区别，同时也是熟练的过程和技能提高的过程。

"闪存心算"日本第一的大学生的情况亦是如此，结合先行研究，可以说能力越强，额叶越是能迅速镇静下来。

但是，额叶整体确实迅速地镇静了，而作为工作记忆的核心部

1　上外额叶皮层，与工作记忆有关。——译者注

2　额极，与高级认知活动有关。——译者注

位——额叶四十六区却局部活化了。

对他来说只不过是小儿科级别的计算居然需要激活四十六区！

这说明，被称为一流的专业人士，无论面对怎样的课题都会全力以赴，通过不断激活额叶来进一步提高额叶以外的脑区的处理能力，即使是微不足道的小问题也丝毫不懈怠，哪怕是习以为常的，信手拈来的日常工作也能做到全神贯注，让大脑活跃起来。这就是他们能成为精英的原因，也是每一个人想要出人头地的必要条件。

课题43

这是让孩子感受"不习惯"印象的课题。

让孩子切身感受一下刷牙的时候"仔细地刷"和"敷衍地刷"在感官上有什么不同。

我们的大脑非常棒，对任何新奇的事物都能迅速地习惯起来，而在习惯之前，额叶会起辅助作用，之后，就交给无意识的、习惯性的纹状体和小脑自动处理了。

额叶镇静，纹状体的功能增强，这个过程就是"习惯"，往后就能轻松愉快地行动起来。

"习惯"可以让能力得以提高。换句话说，就是不需要激活额叶，不需要投入精力也能顺利完成。

但是，要走到这一步会遇到一个"壁垒"。

当比以往任何时候都更努力，激活额叶，为完成更高难度的课题，势如破竹冲破壁垒之时，您的孩子将超越自我极限，表现出绝好的能力。

冲破壁垒的是孩子自己。

父母则是孩子最大和最好的支持者。

父母树立良好榜样，孩子的大脑就会改变！

在做支持者的同时，父母也要做个好榜样。

额叶活化后逐渐趋于镇静，我们的"卓越大脑"就是这样不断提高性能的。

这就是迷上学习的机制，甚至可以说是达成目标的途径。但是，快速适应各种事物，意味着无论什么环境都能适应，或已经适应。

不管是好的环境还是不好的环境，大脑都会自然适应，并进行相应的活动。也就是说，大脑会随着环境的改变而发生变化。认知心理学中有种 "遴选中的加权平均值理论"。所谓"遴选"是指选择自己喜欢的一方，而"加权平均值理论"指的是，对于看过或接触过的东西，会对看过多次的那一方进行加权平均化。

你的喜好和判断取决于你的经验和记忆。长相、商品、习惯，所有的都是这样，与之接触的程度决定了自己的喜好。所以，自己选择的结婚对象往往会跟自己的父母有些相似点。

我们一般都会选择广告中多次出现的商品。

对曝光率高的艺人的好感度更高。

168

这些都是发生在我们身边的事情。

这些都是事实，就是大脑中负责计算"加权平均"的机制在起作用。实际上，就有学者这么指出了，负责这一部分工作的脑区也在逐渐明确。

因此，有理由认为父母的行为对孩子的影响远比我们想象中的大。

尤其是青春期的孩子，预见未来的能力会暂时下降，眼前事物对他们的影响会更强。可以说孩子的青春期是一个受父母影响很大的时期。

正因为如此，作为人生前辈的父母，有必要向孩子展示自己更好的一面，给他们树立良好的榜样。

如果想让孩子学习，就让孩子看到父母勤奋学习的样子。

如果想让孩子喜欢学习，父母就应该从心里认为："学习是快乐的！"

如果希望孩子达到目标，就让孩子看到父母正朝着目标努力的样子。

在考虑孩子达成目标的时候，一切的前提就是父母要为他们做一个好的榜样。

课题44

请给出三个可以作为孩子榜样的具体行为。

请从今天开始立即执行这几个行为。

"父母的笑脸"有助于孩子达成目标！

对孩子说话要温柔，要笑容可掬。

孩子在听到"谢谢""高兴""可爱""温柔"等词语时，会跟受到表扬时一样，额叶趋于镇静。

哪怕只是一句话，也能够培养孩子的"耐心"。

如果想让孩子如自己希望的那样，那就从父母对孩子说些温柔的话开始吧。

另外，父母的笑脸还会滋养孩子的杏仁核。杏仁核是判断"喜欢"或"讨厌"的地方，是情绪和情感的源头。

当杏仁核判断为"喜欢"并加强活动时，"喜欢"的信息就会流向记忆中枢海马。

被海马强化的"喜欢"记忆又会刺激杏仁核，变得越来越喜欢。这就是作为克服不擅长学科的方法时提到过的"喜欢回路"。

杏仁核还承担着控制人类本能运动的作用。

因为它与丘脑下部这个控制食欲、性欲、攻击欲、睡眠欲等本能欲望和产生冲动的地方的连接较好。

如果是"喜欢"的记忆，会带来富有成效的关系、行动和状况；如果是"讨厌"的记忆，"厌恶回路"就会启动，那就麻烦了。

譬如，杏仁核开始加速了，"讨厌"记忆和丘脑下部的攻击欲结合起来，那就会刹不住车……会成为"生气"的原动力。

如果孩子的杏仁核一意孤行，爆发性启动，别说达成目标了，就连学习也会无法继续。

稳定孩子的情绪，也是父母应该考虑的重要的环境因素。我们做过一个关于杏仁核的实验，并得出了有趣的结果。

我们在猴子的杏仁核里放入电极，给它们看不同表情的人类的照片，并观察杏仁核的活动。我们发现猴子的杏仁核对笑容反应特别强烈。而且，相比普通人的笑容，它们对饲养员的笑容反应尤其强烈。

这说明，滋养杏仁核的是笑脸，特别是身边人的笑脸。

父母就是榜样，面对孩子，请态度和蔼，笑容可掬。

您可能会觉得这些都是理所当然的老生常谈，但如果您希望孩子实现自我，那就需要对这些理所当然的老生常谈多上一些心。

课题45

每天至少对孩子说一次"谢谢"。

"今天也精神棒棒的，谢谢。"

"谢谢你把米饭吃得那么香。"

"谢谢你信守诺言。"

什么都行，全心全意地微笑着对着孩子的脸说声"谢谢"吧。

后记：最后，还是要相信孩子

还是那句理所当然又老生常谈的话，但"相信孩子"真的很重要。

如果您读了下面的实验结果，您会想要比以前更积极地去相信孩子。

实验是关于"期待"和"学习力"的。

40多年前，美国教育学家罗森塔尔等人在旧金山的一所小学做过一个预测测试。他们告诉班主任，这是一次"预测今后哪些学生成绩会有所提高"的测试，并将测试结果告诉了班主任。

几个月后，被预测成绩会提高的学生的成绩确实提高了。

但事实上，这并不是一个预测成绩提高的测试，它没有任何意义，提交给班主任的所谓测试结果也只是随机抽取的一份学生名单而已。尽管如此，那些被预测为"成绩会提高"的学生的成绩却着实提高了。这是因为老师对这些学生抱有期待后，会更热心教学。如果学生没有长进老师会认为是自己的责任，是自己没有教好，于是便会尝试各种不同的教学方法，这无意间达到了提高学生成绩的效果。结果，学生的成绩真的提高了。

这种现象被称为"罗森塔尔效应"或者"教师期望效应""皮格马利翁效应"。皮格马利翁是希腊神话中的皮格马利翁国王。传说这位国王对一座女性雕像情有独钟，爱神阿芙洛狄忒被他打动，便赐予了雕像生命。后来，"皮格马利翁效应"成为一个人只要对艺术对象有着执着的追求精神，便会产生艺术感应的代名词。

另一方面，由于教师无所期待而导致学生成绩下降的现象被称为"魔像效应"。

这个逻辑在家庭里也是通行的。

比如，父母深信"这孩子能行"，就会进行相应的关怀和推动，结果孩子就会成长起来。相反，如果觉得"这孩子不行"，不给予教育性的关注，结果就是孩子成绩没有提高。这是很有可能的。虽然针对这些效应，社会上提出了各种各样的质疑，但相信孩子总比不相信好吧。

孩子自己也是一样的。我之前写过，如果想要牢记，非常重要的一点就是把想要记住的事情在脑海中反复默念"记住它、记住它、记住它"，并以积极的态度一边感知一边记忆。因为不管什么，相信"这是有效的"，会更容易产生有效的效果。例如，在给对方止痛药的时候，先问问对方觉得药效会有多大，以及对效果的期望。然后给他一个假的止痛药。于是，越是觉得"有效"的人，他的疼痛感就越小。

以前人们就知道了作为"安慰剂（假药）"的效果，对此时大脑的调查也显示，伏隔核中与快感相关的多巴胺的分泌增加了。而且，越是认为效果好的人，增加的幅度越大。对大脑来说，深信不疑的就是事实本身。

都说越率真的孩子越能更好地成长，也许就是和这样的机制有关吧。我希望您相信孩子会成长，希望孩子相信自己不会变成白日梦妄想者，希望看到孩子朝着目标的达成在前进。

"离目标还远着呢！加油啊！"

最后，在撰写本书时，承蒙森下裕士先生和作家花冈美和先生的大力支持，在此表示衷心的感谢。

诹访东京理科大学教授　篠原菊纪